進化する5つ星ホテルのおもてなし英語

関 優子 著

ホテル インターコンチネンタル 東京ベイ 監修

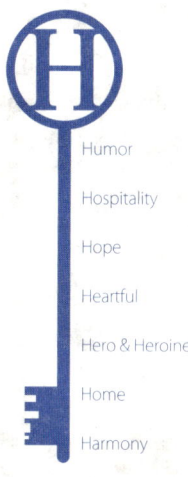

Humor

Hospitality

Hope

Heartful

Hero & Heroine

Home

Harmony

東京書籍

進化する5つ星ホテルのおもてなし英語

関 優子 著　ホテル インターコンチネンタル 東京ベイ 監修

東京書籍

Menu

まえがき……………………………………………………………………006
 日本のおもてなしが世界中の人々に認められた瞬間
 おもてなし英語の必要性
本書の構成と活用法………………………………………………………008

第1部【ストーリー編】
物語で身につく　おもてなし英語

物語のはじめに………*010*　　　事の発端………*013*
東京五輪おもてなしプロジェクト………*015*
7つの鍵（Key）と7つのH………*018*
7つの鍵（Key）のシミュレーション………*021*

【Key1　Humor】女子会を盛り上げるシンデレラストーリー………*024*
   舞台：イタリアンダイニング　ジリオン

【Key2　Hospitality】プロポーズを演出するオリジナルカクテル………*038*
   舞台：レインボーブリッジビューダイニング＆シャンパンバー　マンハッタン

【Key3　Hope】接待客を興奮させるエキサイティング体験………*048*
   舞台：鉄板焼　匠

【Key4　Heartful】スタッフも涙した銀婚式………*063*
   舞台：ファインダイニング　ラ・プロヴァンス

【Key5　Hero&Heroine】ライブ感が生み出す新たな価値の創造………*075*
   舞台：シェフズ ライブ キッチン

【Key6　Home】ドアマンがひらく希望という心の窓………*089*

【Key7　Harmony】（前編）理想の部屋をかなえるフロント………*100*
   （後編）眠りの森へいざなうベルデスク………*110*

エピローグ………*122*

第Ⅱ部【マニュアル編】
今から話せる おもてなし英語
日常表現とおもてなし表現はここが違う

▷音声、無料ダウンロード
（東京書籍ＨＰへアクセス）

第Ⅱ部にあたって………126

【Lesson 1】ホテルスタッフが使える「おもてなし英語」

  ドアスタッフの「おもてなし英語」………127

  ベルスタッフの「おもてなし英語」………131

  テレフォン・オペレーターの「おもてなし英語」………135

  予約スタッフの「おもてなし英語」………138

  フロントスタッフの「おもてなし英語」………142

  客室スタッフの「おもてなし英語」………151

  ルームサービスの「おもてなし英語」………157

【Lesson 2】外国人観光客を迎える「おもてなし英語」

  レストラン／飲食店の「おもてなし英語」………161

  テーマパークの「おもてなし英語」………172

  ブランドショップ／お土産品店の「おもてなし英語」………178

第Ⅲ部【ガイド編】
東京周辺スポットを「おもてなし英語」で案内しよう！

▷音声、無料ダウンロード
（東京書籍ＨＰへアクセス）

・外国のお客様に、東京周辺スポットを、より魅力的な「おもてなし英語」で紹介します。
・ホテル滞在のお客様には、オリジナルな「おすすめコース」をご用意します。

《紹介スポット》………*188*

東京タワー／浜松町・浜離宮／銀座・有楽町／皇居・東京駅／お台場／浅草／東京スカイツリータウン／補足：東京観光バリアフリーコース／秋葉原／新宿／渋谷／六本木・麻布／東京ディズニーリゾート（ディズニーランド・ディズニーシー）／鎌倉／箱根／富士山／小笠原諸島

《東京デパート案内》………*198*

銀座三越／新宿伊勢丹／日本橋高島屋

《おすすめの飲食店》………*200*

寿司／鉄板焼き／和食

《東京周辺スポット　モデルコース》………*204*

時代とともに進化するホテルの在り方（塚田正由記）……………206
ホテル インターコンチネンタル 東京ベイについて………………209
取材・製作協力者一覧………………………………………………210

※【音声】ダウンロードについて

第Ⅱ部【マニュアル編】、第Ⅲ部【ガイド編】の音声は、東京書籍ホームページにある、以下のサイトからMP3形式のファイルを無料でダウンロードできます。ダウンロードしたファイルは、パソコンや携帯音楽プレーヤーなどで聴くことができます。

http://www.tokyo-shoseki.co.jp/books/omotenashi

※【監修】について
第Ⅰ部【ストーリー編】および第Ⅱ部【マニュアル編】のLesson1につきまして、ホテル インターコンチネンタル 東京ベイの監修をいただきました。
第Ⅱ部のLesson2、および第Ⅲ部【ガイド編】につきましては、この限りではありません。

まえがき

日本のおもてなしが世界中の人々に認められた瞬間

　「TOKYO！」2013年9月7日、日本中の国民がずっと待ちわびていた日。2020年夏季オリンピック・パラリンピック開催都市発表日当日、静まりかえった会場で、IOC（国際オリンピック委員会）のロゲ会長がそう読み上げた瞬間、日本中が息をのみ、私たちは歓喜に包まれました。

　開催都市として選ばれるよう、様々なプレゼンテーションをアスリートや東京都知事らが行ってきましたが、皆さんの記憶に最も残っているのは、「お・も・て・な・し」ではないでしょうか？

　東京が圧倒的な投票を獲得できた要因の一つには、日本古来からの「おもてなし」を世界にアピールできたことがあると思います。滝川クリステルさんは、「東京は皆さんをユニークにお迎えします。日本語で『おもてなし』と表現します。それは訪れる人を慈しみ、見返りを求めない深い意味があります。先祖代々受け継がれ、最先端の文化にも根付いています。これは日本人が助け合い、お客様のことを大切にする鍵になります」と伝え、ハンドジェスチャーで、「お・も・て・な・し」と表現をしました。この時初めて、「日本のおもてなし」が世界中の人々の心を動かしたのです。IOCの決定後、日本にはうれしいニュースが次々と舞い込んできます。なんと、2013年12月20日、訪日外国人旅行者数が史上初めて年間1000万人を超えたのです。その翌年、2014年に日本を訪れた外国人旅行者数は、前年比29.4％増の年間1300万人を超え、現在は円安も相まってか、日本に対する関心は今もなお日々高まっています。

おもてなし英語の必要性

　訪日外国人が年々増加する中、様々な問題点が生じているのが現状です。第一生命経済研究所のマクロ経済分析レポート（2014年1月22日）によると、外国人観光客が日本での旅行の際、最も不便に感じるのは「言語」だと挙げています。例えば、街中で英語が通じない、道路などの英語標識や名称が少ない、といったことです。

　こうした諸問題がある中で、先陣を切って訪日外国人の受け入れ態勢を最も整えていかなければいけない施設は、外国人観光客が宿泊する「ホテル」です。その理由は、2014年に安倍内閣で閣議決定された「日本再興戦略―未来への挑戦―」において定められている、政府目標の2020年に年間2000万人、2030年に3000万人の訪日外国人数を達成する場合、ホテルの宿泊客に占める外国人の割合が半数になることが予想されるからです。ですから、ホテルを筆頭とする外国人観光客が顧客となるサービス業界全般において、外国人の方が不便に感じている、言語面でのサービス、つまり日本の印象を決定づける英語での接客が重要となってくるのです。しかも、ただ単にフォーマルな英語で接客をするのではなく、「また日本に来たいな」と思っていただけるような、おもてなしの心を伝える「おもてなし英語」が、全サービス業界の向上において必要不可欠なのです。

本書の構成と活用法

　本書は、第Ⅰ部【ストーリー編】、第Ⅱ部【マニュアル編】、第Ⅲ部【ガイド編】の3部構成をとっています。物語もすべて日本語と英語の対訳形式をとっており、物語と例文集とガイドの3つの観点から「おもてなし英語」を学ぶ、新感覚の英語読本です。

　本書は、ホテルに限らず、飲食店、デパート、小売店、テーマパークに勤務しており、どのような英語でお客様に接遇をしたらいいか困っている方、あるいは外国人を接待するビジネスパーソンの方向けに、英語での接遇に特化した「おもてなし英語」をご紹介します。本書を書くにあたっては、グローバルチェーンの傘下であり5つ星を獲得しているホテル インターコンチネンタル 東京ベイに全面協力を頂き、実際に半年をかけてホテルでの取材を行いました。

　第Ⅰ部では、ホテルのレストラン、ドアマン、フロントスタッフ、ベルスタッフをテーマに、7つの物語を書き上げました。物語の中では、5つ星ホテルならではのおもてなしのKey（鍵）とともに、英語での接遇を実際どう行ったらいいのか、という「**Yuko's おもてなしポイント**」をご紹介しています。読み終わったころには一歩先に進んだ「攻めのおもてなし英語表現」を習得できるでしょう。また、「**Professional Eye**」のコーナーではホテルのプロによる着眼点も紹介しています。

　第Ⅱ部では、ホテルの各スタッフごとのケーススタディをはじめ、飲食店、ショップ、テーマパークなどで接客をするスタッフの方が短期間で英語での接遇を学べるように、おもてなし英語表現集と音声をお付けしました。短期間で「おもてなし英会話」を習得したいとお急ぎの方は、本書の第Ⅱ部のおもてなし英語表現集から読み進め、音声をダウンロードし、耳から実際の表現を入れ、日本語が流れてきたら、おもてなし英語が口からついて出るように練習するのも一つの勉強法です。

　第Ⅲ部は「ガイド編」として、東京周辺スポットをより魅力的な「おもてなし英語」で外国のお客様に紹介するページになっています。笑いあり、涙ありの7つのオムニバスの世界感を先に楽しむか、おもてなし英語の練習を先に行うかは、皆さんのお好みです。ご自分に合った学習法を見つけるのも本書の醍醐味の一つ。でも、おもてなしをするのは何も皆さんだけではないのです。今この本をお手にとってくださった皆さんにも、今この瞬間からおもてなしが始まっているのです！　さぁ、おもてなし英語の世界を存分にお楽しみください！

著者

第 I 部【ストーリー編】

物語で身につく
おもてなし英語

物語のはじめに

　皆さんは、「5つ星ホテル」という言葉を聞いたときに何を思い浮かべますか？　例えば、掃除の行き届いた客室、豪華絢爛なインテリアに、高級食材を使ったお料理。でも、それだけでは、「最高のおもてなし」ができるとは言えません。言い換えれば、「施設」「食」「調度品」だけでは、外国人のお客様がホテルのサービスに満足をして、もう一度そのホテルやお店に行く理由にはならなくなってきたのです。

　かつては、ホテルのブランド名だけでお客様を集められる時代もありました。あるいは、オーシャンビューと謳って、客室から海が見えることをアピールし、ハード（施設）とそこから見える眺めを連想させて集客を図ることができました。しかし、**ホテルは今、ブランド名や眺望だけではブランドを維持できない時代へと突入しているのです。なぜなら、お客様の心に一番残るものは、実はハード（施設）にも勝るスタッフとの会話（ソフト）だからです。**このことは、ホテル業界はもちろんのこと、全てのサービス業界に通じることです。

　このハードだけに頼らず、現在増加中の外国人観光客に対応するために、進化し続けているホテルがあります。それは、ホテル インターコンチネンタル 東京ベイ。グローバルスタンダードに準じていることはもちろん、ホテル独自のおもてなしという、ある意味とんがった「個性」を出しているのです。

　皆さんの中には、グローバルブランドのホテルは世界中どこでも画一的サービスといったイメージがある方もいらっしゃるのではないでしょうか。しかし、**ホテル インターコンチネンタル 東京ベイでは、グローバルブランドにおごらず、グランドホテル（大規模な高級ホテル）だけれども、いわゆるブティックホテル（小規模で個性的かつ高級なホテル）のようにきめ細やかなおもてなしが行われています。**スタッフは、お客様がどのような目的で、どのような接客を求めているのか、お客様の感情の機微を察し、た

だやるべきことをこなすのではなく、お客様に喜ばれることは全て日々実践しています。そして、こうした日々の積み重ねがお客様との信頼関係を築く最初のステップ、つまりお客様の「心のドア」をひらくことにつながり、それが「最高のおもてなし」へと昇華していくのだと思います。

　近年、増加する外国人のお客様を接遇する際「おもてなしの心」を英語でどのように表現していくのかが、重要課題となっています。外国人のお客様にスタッフのファンになっていただき、今後もそしてオリンピック後も日本に再訪していただくためにも、「おもてなしの心」を伝える英語表現を、本書は7つの鍵（key）とともにご紹介していきます。

　これからご提案する7つの鍵を使うことで、お客様の気分はゆったりと高揚し、そこで初めてお客様の「心のドア」がひらかれるのです。

　では、どんなときに、お客様の心のドアはひらかれるのでしょうか？　お客様がどのような目的で来訪され、そのためにどのようなサービスを求められているのか、お客様が言葉にはしない感情の行間を読んでそれに応えたとき、初めてお客様の心がひらかれるのです。本書は、あくまでもお客様目線のおもてなしを描いています。お客様のニーズを読みとり、なおかつ、どうしたらお客様が「楽しみ」「喜ぶ」かに主眼を置いています。なぜなら、私自身がまさにゲストとして都内のほぼすべての5つ星ホテルでのサービスを受けながら、どのようにスタッフの方が、外国人・日本人を問わず接客をしているのか、自分の目で、「ミステリーゲスト」（5つ星ホテルの覆面調査員）のように見てきたからです。そこで感じたのは、海外の5つ星ホテルと比べ、日本の5つ星ホテルに欠けているのは、「お客様をユーモラスに楽しませ、喜ばせること」だということです。

　皆さんも海外のホテルに行かれたときに、ホテルのスタッフの方にジョーク交じりの接客をされて異国の地での緊張がほぐれた経験はありませんか？　そう、ユーモアは旅をより一層楽しくさせてくれるのです。これから始まる7つの物語では、従来の5つ星

ホテルの常識では考えられなかった、お客様をユーモラスに楽しませ、喜ばせるための「7つの鍵（key）」と「7つのH」でお客様の心のドアをお開けします。
　それでは、心の準備はいいですか？

　皆さんを最高のおもてなしの世界へとご案内いたします。
Open the Door for New Omotenashi!

　　2015年7月27日　素敵なドアがひらかれた夜に……

※これからご紹介する物語は、ホテルエクセレント東京ベイという架空のホテルを舞台としたフィクションになっております。ただし、物語中の登場人物名およびレストラン名については、一部、実在するものもあります。

【参考文献】
- 井上富紀子、リコ・ドゥブランク著『リッツ・カールトン20の秘密』（オータパブリケイションズ）
- 高野登著『リッツ・カールトン 一瞬で心が通う「言葉がけ」の習慣』（日本実業出版社）
- 鶴蒔靖夫著『ブライダル革命』（IN通信社）
- インターコンチネンタル・ホテル・アカデミー編『仕事現場の英会話　ホテル編』（DHC）
- ホテルニューオータニ編『ホテルの実務英会話』（プラザ出版）
- ホテルニューオータニ編『レストランの実務英会話』（プラザ出版）
- レオナルド・インギレアリー＆ミカ・ソロモン著、小川敏子訳『リッツ・カールトン 超一流サービスの教科書』（日本経済新聞出版社）
- 鎌田洋著『ディズニー サービスの神様が教えてくれたこと』（SBクリエイティブ）
- 岩崎夏海著『もし高校野球の女子マネージャーがドラッカーの『マネジメント』を読んだら』（ダイヤモンド社）

＊ここでは本書全般にわたった参考文献を掲げ、個別のテーマについては、文中で逐次、参考文献等をあげています。

事の発端

　ブライダル業界でこの男の名前を知らないものはいない。「ミスター・ブライダル」との異名を持つ塚田正由記が、2010年4月、株式を取得後、初めてホテルエクセレント東京ベイに足を踏み入れた。

　塚田は、従来の結婚式には列席者へのおもてなしがないと考え、エレクトーンの生演奏やキャンドルサービスを生み出した立役者であった。ウエディング事業で大成功を収めた塚田が、今度はホテル経営に新しい風を吹き込もうとしていた。

　塚田は、ブライダル事業を通して、時代を常に先読みし、顧客のニーズが多様化することを経験してきた。そして、今度はブライダル事業でのノウハウを生かし、ホテル経営をすることにその矛先を向けたのである。

　ホテルエクセレント東京ベイは、JR新橋駅から、ゆりかもめに乗り継ぎ2駅目の場所に位置していた。アクセスは不便かもしれない。周囲には、モノレールに乗ってお台場海浜公園まで行かなければ何もない。経営者であれば誰もこのホテルの運営をしようとは思わないであろう不良物件のように思えた。

　しかし、塚田は、ホテルエクセレント東京ベイを見た瞬間「これはいける！」と思ったのだ。ホテルの目の前には、どこまでも続く青い東京湾が広がり、東京のメインシンボルといっても過言でない、東京タワー、レインボーブリッジ、スカイツリーのいわゆる「東京3大ビュー」が一望できることに気付いたのだ。この光景を見たとき、すでに塚田の脳裏には、映画のワンシーンが浮かんでいた。「海、風、光」をテーマに、LAの高級別荘地にある、家族やセレブカップルがゆったりと休暇を過ごすホテル。海を存分に見渡せる広いテラスで、東京湾のそよ風を感じながら、ゆったりと過ごすデイタイム。ディナータイムには、レインボーブリッジのライトアップに酔いしれながら、ホテルのオリジナルカクテルで甘いひととき。そんなシーンを頭に描きつつ、ここなら「感動的なおもてなし」をお客様に提供できるだけのポテンシャルがあ

ると、塚田は確信したのである。

　それからというもの、2012年には大規模リニューアルを行い、ロビーには日本の魅力を海外の宿泊客にアピールすべく、洛中洛外図や武家の家紋のタイルを配置。世界ブランドとしてグローバルな雰囲気の中にも、「独自の日本らしさ」を感じ取ってもらえるようなおもてなしを塚田は考えていたのだ。そこで、塚田は経営理念の変革を思いついた。まず一つ目は、グローバルスタンダードの最低基準は満たしつつ、日本らしい「家庭的なおもてなし」をすること。お客様がホテルのエントランスを一歩入ったときから、「お帰りなさい」と自宅に帰宅したかのような温かい家庭的なおもてなしをするホテルを目指した。

　ホテルの全面リニューアルは、ロビーに続きレストラン、さらには客室の改装にまで及んだ。そこで、塚田は2つ目の経営理念を編み出した。それは、「日本の良さ」をお客様に感じ取ってもらうことである。「夢の中でのおもてなし」を提供すべく、マットレスメーカー「Sealy（シーリー）」と共同開発を行い、ホテルオリジナルのマイナスイオンの出るマットレスを日本の工場で製作した。特定のフロアには、Million Sleep（販売価格100万円相当）のマットレスの導入により、「最高の眠り心地」を提供している。さらに、ふとんは、創業400年以上の歴史を誇る昭和西川の天使の羽のような軽さのふとんを採用。バスタオルをはじめとするタオル類は、クラブフロアの客室には日本を代表する「今治タオル」を採用し、徹底的にこだわりぬいた。こうした「日本の良さ」を、スタッフやウェブサイト、客室のパンフレットを通して、外国人のお客様に語ることに成功した。

　そのおかげか、売り上げは、2010年にホテルエクセレント東京ベイの経営権を取得以来、2013年度前年比で40％アップに成功。外国人のリピーターが徐々に増え、レストランの売り上げに至っては、約2倍にまで成長し、ようやく黒字化したところだった。

東京五輪おもてなしプロジェクト

　そんな最中、2013年9月7日、塚田は朝食を取りながらテレビのスイッチをつけてみると、2020年夏季オリンピック・パラリンピック開催都市が「東京」に決定したことを知ったのである。
　翌日、すぐに塚田は、臨時重役会議を開いた。
　「皆さん、昨日の報道で2020年のオリンピックは東京で開催されることになったのはご存知ですね。2020年には、年間2000万人の訪日外国人の観光客が見込まれます。今は2015年。あと5年しかありません。私たちのホテルでは、どのように他のホテルと差別化を図り、独自の付加価値のあるサービスを展開していくべきか、真剣に考えていく必要があります」
　塚田の発言に、取締役をはじめ、オリンピック開催国として選出され浮き足だっていたみなの気持ちが、一気に引き締まった。
　「前川取締役の指揮のもと、明日から早速『東京五輪おもてなしプロジェクト』を立ち上げてもらいます。プロジェクトの発表は、1ヶ月後とします。前川取締役、海外のお客様に最高のおもてなしをするためのアイディアをまとめておいて下さい」
　前川はすぐに、広報支配人の明石ゆきえの携帯に電話を入れた。
　「もしもし、明石さん、前川です。塚田社長からの要請で、『東京五輪おもてなしプロジェクト』を立ち上げることになりました。至急レストラン、ドア、フロント、ベルの各セクションからプロジェクト立ち上げメンバーを一人ずつ集めて欲しい」
　それから明石ゆきえは、すぐに社内用掲示板に「東京五輪おもてなしプロジェクト」立ち上げメンバー募集の張り紙を掲載し、希望する者は、1週間後までに、明石に申し出るよう記載しておいた。
　すると、1週間後、4名が名乗り出てきた。レストラン担当の秋保武夫、フロント担当の姫野薫、ベル担当の松本恵梨香、ドア担当の林大輔だ。みんな、入社して3〜4年目くらいの仕事をだんだんと覚えてきて、やっと楽しいと思えるようになりつつあるメンバーであった。

前川は、冷静に4人を見つめながら、静かに話を始めた。

「当社は、この2年間の間にハード面での改善は順調に行ってきた。それにより、ロビーからレストラン、客室に至るまで別施設のように生まれ変わったのは君たちも知っての通りだ。あとは、ソフト面をどうするかが腕の見せ所だ。『最高のハード』と『最高のソフト』が揃ってこそ、ビジネスが成功へと導かれる。海外のお客様のニーズを的確に判断し、高い顧客満足度を得られたホテルだけが勝ち組として残っていくんだ。我々が勝ち組として生き残るためにも、何が必要となってくるか、一緒にアイディアを出してもらいたい」

それを聞くと、待ってましたとばかりに勢いよく、レストラン担当の秋保が口火を切った。

「やはり、外国人のお客様が倍増することが目に見えているので、私たち従業員の英語力の底上げは課題になってくると思います」

すると、前川は4人に投げかけた。

「そうだね。もちろん英語での対応力の強化は必要だろう。でも、果たして言語面での改善だけでいいと思うかい?」

実家が100年続く老舗旅館であるフロント担当の姫野は、前川の投げかけに対して答えた。

「私は、外国人のお客様を普段からフロントで応対しているので、いつも日本のホテルならではのおもてなしとは何か?を考えています。また、他のホテルのように、単なるホテルのフォーマルなマニュアル英語での対応ではなくて、海外のゲストに喜んで、楽しんでもらうための『おもてなし英語』と言ったらいいのでしょうか。それが必要だと思います」

なるほど、といった具合に前川はうなずいていた。

「海外のゲストに喜んで、楽しんでもらうための『おもてなし英語』か。うん、姫野さんの視点は、とても斬新だね。では、姫野さんが提案してくれた日本のホテルだからこそできるおもてなしが何か。また、『おもてなし英語』とはどんなものか。最後に、

2020年のオリンピック開催までに海外のお客様の接遇にはどのようなシミュレーションが必要になるのか。この3点に絞って各自1ヶ月後までに提案を練ってきてほしい」

　秋保、姫野、松本、林は、それぞれどんな案を提案しようかと、思いを巡らせながら解散していった。面白いことに、若者の彼らには共通して、「思い立ったらすぐ行動」という心理が働いたようで、すぐさま行動を開始した。

　秋保は、自分が担当するレストランに来て取材を通して仲良くなったテレビディレクターに、「日本が誇れるおもてなしとは何か」を聞き出すために、すぐに会う約束を取り付けた。姫野は、通っている英会話学校の仲良しの先生に相談を持ち掛けた。映画マニアとしてホテル内でも有名な松本は、銀幕の世界からヒントを得るため、レンタルビデオショップでホテル関連の映画を20本もどっさりと借りた。林はというと、サービスに関する本を片っ端から図書館で借り、ちょっとした時間があるときに読み始めた。

　そして、1ヶ月後「東京五輪おもてなしプロジェクト」の発表の日となった。

7つの鍵（Key）と7つのH

　塚田が見守る中、いよいよプロジェクトメンバーがバンケットルームに集まった。

　メンバーが着席すると、前川は、「昨今『7つの習慣』が漫画化されて、経営者でない方にも大変な人気を博しているそうだ」と切り出した。

　「そこで我々が目指す、海外のゲストに喜んで、楽しんでもらうための『おもてなし英語』の考案とともに、お客様に接客応対する際の、おもてなしのための企業理念（Corporate Ethos）として、ホテル版7つの鍵（Key）をみんなで考案出来たら面白いかと思っているんだが、どうかね？」

　すると、秋保は第一声を放った。

　「実は、僕たちもその本を入社の際の課題図書として読んだことがありまして、本日のプレゼンテーションの内容は『7つの習慣（7 Habits）』からヒントを得ているんです。日本のホテルだからこそできるおもてなしというのは、きめ細やかな心遣いにあると思うのです。そして、その心遣いがお客様との信頼関係の土台となり、僕たちは、最高のおもてなし＝お客様の心のドアをひらくことができると考えます。そこで本日は、お客様の心のドアをひらくための7つの鍵（Key）を考案したので、ドア担当の林から発表させていただきたいと思います」

　サービスに関するビジネス書籍を片っ端から読み漁っていたドア担当の林は、「実は、この1ヶ月の間、様々なビジネス・サービス関連の書籍を読みました。その中でも、ビジネス書としては永遠のバイブルである『7つの習慣（7 Habits）』を再度読み返してみて、思いついたのです。7つのHabits（習慣）のHにちなんで、私はドア担当なので、お客様の心のドアをひらくための『7つのHから始まる鍵』をみんなで考案しよう！　ということになりました。私たちは勤務時間の隙間をすり合わせて、空いている会議室で様々な7つの鍵（Key）案を出し合いました。まず、フロント担当の姫野さんからは、こんな案が出てきました。7つの習

慣（Habits）にあやかり、ホテル（Hotel）にまつわるHから始まる7つの鍵（Key）をおもてなしのための企業理念（Corporate Ethos）にしたらどうかと。この7つのHから始まる鍵のコンセプトが決まれば、おのずと『おもてなし英語』とはどんなものになるか見えてくる。

　これは名案だと、私たちはみな姫野さんのアイディアに大賛成し、Hから始まるホテルのおもてなしに関連する英語をこのホワイトボードに書き出してみました。それがこちらです」

Handmade　手作り感

Harmony　相手への調和

Heartful　心のこもった

Honesty　誠実さ、正直さ

Hospitality　献身

Humanity　優しさ、人間味

Humor　ユーモア

Happy　幸福

Happening　即興の演技、偶然性

Hero/Heroine　ヒーロー/ヒロイン

Honor　名誉、敬意

Home　家

Hope　希望、わくわく感

「書き出してみると、こんなにもたくさんあるんです。」
　姫野はホワイトボードを眺めながらつぶやいた。
　前川は、「じゃあこの中から『最高のおもてなし』に最も必要なキーワードを7つに絞っていくわけだね」と期待を胸に林に目を向けた。
　「その通りです。それでは、各担当から選んでもらった言葉を発表したいと思います」
　ベル担当の松本は、「例えば、ホテルのおもてなしにはいろいろありますが、私たちベルが担当として最も大切にするのは、心

のこもった（Heartful）サービスだと思います」

　それを聞くとすかさず秋保は、

「僕はレストランを担当しているので、やっぱり献身（Hospitality）が真っ先に浮かんできます」

　海外のゲストに喜んで、楽しんでもらうための「おもてなし英語」を提案したフロントの姫野は、「私はやっぱり外国人のお客様には『ユーモア（Humor）』にかぎると思います！」と自信たっぷりに言った。

　プレゼンの司会進行をしているドア担当の林はというと、お客様の出入りを毎日エントランスで観察しているからこそ培われた独創的な発想を発表した。

「ホテルという場所は、なりたい自分になれる素敵な舞台でもあるから、ワクワク、ドキドキさせてくれるといった意味で希望、期待（Hope）。それと同時に、疲れて帰ってきた体を休ませるための第二の我が家としてご利用なさる海外のエグゼクティブの方もいらっしゃるので、アットホームというニュアンスのHomeもホテルとしての重要な役割かなと思います」

「おお、なんかいい案がどんどん出てきたね」と、取締役の前川は心が弾んでいた。

「では、ホテル業界を20年以上経験してきた僕の意見を言ってもいいかね？　やはりサービス業に携わる人間に最も重要な資質は、お客様のニーズをいかに早く察知するかということ、つまり、相手に対しての調和（Harmony）」

　すると、塚田は、「なるほどね。私はお客様に常に誠意を持って接することをモットーとしているから、ホテルマンとしての誠実さ（Honesty）が大事だと思うな」とまとめた。

7つの鍵（Key）のシミュレーション

　翌日、前川はおもてなしプロジェクトのメンバーの４人が考えてくれた内容をレストランの料飲部門（通称 FB「Food & Beverage」）のメンバーと共有するために、ミーティングを開いた。ニューヨークスタイルのレストランの「マンハッタン」担当の秋保、フロント担当の姫野、ベル担当の松本、ドア担当の林を中心とし、鉄板焼の「匠（たくみ）」からは谷口、フレンチの「ラ・プロヴァンス」からは神田、イタリアンの「ジリオン」からは石川が参加した。

　前川は、参加メンバーに投げかけた。「今日はみんな忙しいところ集まってくれてありがとう。早速だが、今回の『東京五輪おもてなしプロジェクト』で決定したことを発表する。７つのＨから始まるキーワードをおもてなしのコンセプトとして掲げ、お客様に最高のおもてなしをすることになった。そこで、７つのコンセプトを各セクションごとに落とし込んで考えた場合、自分のセクションがどのコンセプトと一番マッチするか、そして、今後お客様を英語でおもてなしする際、気を付けることを考えてみて欲しい」

　谷口は先頭を切って、自信ありげに話し始めた。「『匠』は、接待のお客様が多いので、お客様をワクワク、ドキドキ（Hope）させる演出を英語でできることが必要だと思います」前川は、「そうだな。匠は確かにビジネス使用のお客様が非常に多いので、一度でハッとするようなおもてなしが重要となってくるのは間違いないだろう」フレンチの神田は、「うちは、ご夫婦のお客様が記念日をお祝いにいらっしゃるパターンが多いので、記念日を盛り上げるために、料亭のようにきめ細やかな心遣い（Heartful Service）と上品な英語での対応が必須だと思います」前川はもっともだという表情でうなずいていた。FB 部門で最も高い収益を生み出しているイタリアン担当の石川は、「ぼくのセクションは、女子会の使用が最も多いです。ですから、女性はジョークが大好きなので、英語でユーモア（Humor）を言えるようになり、お客様を楽しませたいと思います」「君はその笑顔がいつ見ても素敵だよ。その笑顔と持ち前の笑いのセンスで外国人のお客様をもっと

喜ばせて欲しいな」と前川は石川に微笑みかけた。

　おもてなしプロジェクトのメンバーであり、マンハッタン担当の秋保は、「マンハッタンでは結婚前のカップルが大事な節目のデートでお越しになることが多いので、二人のムードを最高潮に持っていくための雰囲気作り（Hospitality）を英語でもできることが必要かと思います」

　「ふむ。そういった意味では、FBのスタッフは、お客様の人生最高の瞬間に関われる比類のない職業と言えるかもしれないな」と前原はしみじみと感じた。

　すると、ドア担当の林は「ぼくは毎日お客様をエントランスでお迎えしていますが、さまざまな悩みを抱えたお客様が毎日いらしてくださいます。そのようなお客様の肉体的な疲れや心を少しでも癒せるよう第二の我が家として、家庭的な雰囲気（Home）でもって家族の帰りを待つように welcome home とおもてなしをしています」

　「確かにホテルというと、格式ばった感じがあるが『第二の我が家』はいいな～」と感心する前川。

　フロント担当の姫野は、「フロントはお客様の客室のご要望に誠実に応対しなければならないので、相手への協調（Harmony）を英語で示せることは必要不可欠です」

　「客室タイプの予約を受ける際にご希望の客室状況を瞬時に判断し、空いていない場合でも失礼のない英語で素直にお応えし、限りなくお客様のご要望に近い結果を見せるのも大事なホテルマンの仕事の一つだ」と前川は真剣な口調で語った。

　ベル担当の松本は、「お客様のお好みや表情、お疲れ具合に合わせて、どんなお部屋でどのように快適に過ごしていただいたらいいかをそれとなく英語で引き出すお客様視点の対応、つまり

相手に対しての調和（Harmony）は大事にしています」と言う。
　このとき、初めて松本と姫野はお互いがお客様に対してHarmony（相手に対しての調和）という共通のおもてなしを意識していたことに気付いた。
　「では、これで７つのコンセプトを各セクションに全て落とし込めたようだね。では実際にそれを現場でどのように生かしていくか、日々の業務で少しずつ実践してみよう」と前川が指示を出すと、これから繰り広げられる自分たち７つの物語にメンバーは胸を躍らせていた。

　それでは読者の皆さん、ここからは、ホテルエクセレント東京ベイのスタッフが実践した、７つの鍵（Key）と７つのＨをテーマにした物語をお楽しみください。

Key1　Humor
女子会を盛り上げるシンデレラストーリー

舞台：イタリアンダイニング ジリオン

　海外の5つ星ホテルにはあって、日本にある5つ星ホテルにはないものは何だと思いますか？それは、Humor（ユーモア）です。これまでの日本にある5つ星ホテルは、外資系であれ、内資系であれ、高級で格式高く、豪華絢爛な室内装飾が施され、サービスをするスタッフもフォーマルな英語で対応をする、というのが常識でした。しかし、2020年にオリンピックを迎えるにあたり、現状の豪華な施設や調度品、フォーマルな英語対応だけでは、外国人のお客様を真の意味で満足させることはできないでしょう。もうラグジュアリー・フォーマルなだけでは、ホテルは時代遅れなのです。

　日本人と外国人の圧倒的な価値観の違いは、人生に「楽しさ」を追求する姿勢ではないでしょうか。外国人は、日本人よりも職場で多くのジョークを同僚や上司などと言い交わします。それは、海外のホテルにおいても同様のことが言えるのです。マニラの Marriott Hotel のスタッフは、常に同僚ともジョークを日常茶飯事的に言い合っていますし、またお客様をジョークでもって楽しませてくれるのです。

　日本の5つ星ホテルは、今「フォーマルな英語対応」から脱皮するときが来たのではないでしょうか？これからの時代は、「海外のお客様を楽しませる英語対応」が必要なのです。それには、Humor（ユーモア）が重要な要素となってくるでしょう。

　今後日本のホテルでは、「海外のお客様をユーモアで楽しませる」という文化を生み出すことが求められてくると思います。

　本章では、これまでになかった Humor（ユーモア）のある「ワンランク上のおもてなし英語」をご紹介したいと思います。本日はバリ島から、ある外資系高級ホテルに勤めるスペイン人のマーケティングマネージャー Patricia、イタリア人の客室マネージャー Antonella、アメリカ人の料飲マネージャー Mary の女性同業者3人が、ホテルエクセレント東京ベイにお越しになりました。ホテルエクセレント東京ベイでは、お客様が来店する前からワクワクするような仕掛けを作り、レストラン事業に新たな付加価値を生み出しています。実はこのちょっとした仕掛けにより、本日お越しの女性3人のお客様の心は来店前からワクワクしているのです。なんと、すでに来店前からお客様へのおもてなしは始まっているのです。これは、社長である塚田がずっと大事にしてきた「これまでにない価値の創造」を実現する一つのおもてなしなのです。

　さて、ニューヨークスタイルのヘルシーイタリアンダイニングの「ジリオン」に流行の女子会プランをご予約されたお客様がご到着されたようです。このテーブルを担当するのは、イタリア人のように陽気で笑顔が印象的な Mr. Smile こと石川さんです。さて、同業者である彼女たちに、Mr. Smile はどのようなおもてなしをしていくのでしょうか？
Welcome to the Humorous Omotenashi World!

ニックネームは Mr. Smile！

Patricia、Antonella、Mary の 3 人は竹芝の駅からホテルエクセレント東京ベイにあるジリオンに向かっていた。

Mary：ねぇ、これから行くレストランのウェブサイトを見ていたんだけど、サラダが 75 パターンもあるんですって！

Patricia：それ、私も見たわ！すごいわよね。早く見たいわ！

歩いて数分後、3 人がレストランに到着。

Antonella：3 名で予約していた Antonella Bertolini です。

石川：Bertolini 様、お待ちしておりました。ようこそジリオンへ！私、本日テーブルを担当させていただく石川と申します。お客様が僕の笑顔がいいとほめて下さるので、皆様から Mr. Smile と呼ばれています。ですので、Mr. Smile と呼んでいただければ幸いです。

Antonella：確かにあなたの笑顔は人を引き付けるわね、Mr. Smile！

石川：さっそくニックネームで呼んでいただけて光栄です。今日本では、女性だけが集まっておいしいレストランに行って、語り合うという「女子会」が流行っておりまして、ご予約して下さったプリフィックススタイルコースは、日本人の女性の心を鷲づかみにしているんです。

Mary：そうなのね。アメリカ人も同じようなことをするわよ。Girls' Night Out というの。今日の私たちも Sex and the City みたいね。

石川：Antonella さんや Patricia さんの国ではどうですか？

Antonella：やっぱり同じよ。女性は人気店に集まって、語り合うのが好きだもの。

Patricia, Antonella and Mary were heading to The Hotel Excellent Tokyo Bay from Takeshiba Station.

Mary: *You know what? I was looking at the website of the restaurant we are going today and they have 75 variations of salad!*

Patricia: *I also noticed that! Isn't it awesome? I can't wait to see!*

After a few minutes' walk, the three of them arrived at the restaurant.

Antonella: I have a reservation for three people under my name Antonella Bertolini.

Ishikawa: We've been expecting you, Ms. Bertolini. Welcome to Zillion! I'm Ishikawa. I'll be your server today. Our customers give me compliments on my smile so everyone calls me Mr. Smile. So, I would appreciate it if you would call me Mr. Smile.

Antonella: That's true! Your smile attracts people, Mr. Smile.

Ishikawa: I am delighted that you called me by my nickname. *Currently, ladies' only gathering at nice restaurants and talking together is very popular among Japanese women. It's called a joshikai.* The prefix course you have reserved really captures the hearts of many Japanese ladies.

Mary: Is that so? We Americans do the same thing. We call it "Girls' Night Out". Today, we are doing like "Sex and the City."

Ishikawa: What about in your countries, ladies?

Antonella: We also do the same. Girls love to gather and talk together at popular restaurants.

Yuko's おもてなしポイント 1

お客様がお店に来る前からおもてなし

始まりのシーンで Mary さんと Patricia さんは、ジリオンのウェブサイトに記載されていたことに驚いていました。なんと、ウェブサイトにはサラダが 75 パターンあるというのです。

Mary「ねぇ、これから行くレストランのウェブサイトを見ていたんだけど、サラダが 75 パターンもあるんですって！」*You know what? I was looking at the website of the restaurant we are going today and they have 75 variations of salad!*
Patricia「それ、私も見たわ！すごいわよね。早く見たいわ！」
I also noticed that! Isn't it awesome? I can't wait to see!

このように来店前からお料理を楽しみにして下さるのは、ウェブサイトに説明を記載しているから。つまり、お料理の告知をすることで、来店前からお客様はワクワクできるのです。来たお客様をもてなすのは当たり前。しかし、ホテルエクセレント東京ベイでは、お客様が来店される前からおもてなしをすることで、ホテルの付加価値を高めているのです。

Yuko's おもてなしポイント 2

日本で流行っていることをお教えする

Mr. Smile こと石川さんは、
「今日本では、女性だけが集まっておいしいレストランに行って、語り合うという『女子会』が流行っておりまして」
Currently, ladies' only gathering at nice restaurants and talking together is very popular among Japanese women. It's called a joshikai.
と、今日本で流行っていることを ice-break talk（世間話）として、冒頭に持ってきています。海外から来たお客様にとっては、日本で何が流行っているかは、とても興味深いはず！

流行っている物を言える練習をしておきましょう！
be quite popular with 〜 　〜に大人気である
例 The song "Let It Go" from the movie Frozen *is quite popular with* Japanese people. People even sing "Let It Go" to themselves wherever they go.（『アナと雪の女王』という映画の主題歌 "Let it Go" は、日本人に絶大な人気を博しています。どこにいても「レリゴ〜」と口ずさんでしまうんですよ）

75パターンの組み合わせ

石川：それでは、さっそくコースの説明に入らせて下さい。今回のプリフィックスコースには自家製の白ワインが1本ついておりますので、ご乾杯にどうぞ。
プリフィックスコースでは、サラダカウンターに行っていただくと、5種類の野菜、3種類のヘルシー&フルーツドレッシング、それに5種類の調味料をもとにシェフがその場でお作りしています。75パターンの中からお好きな物をお選びいただき、お客様だけの「カスタマイズサラダ」をお作りいただけます。サラダの隣には野菜のマリネ、イタリアンオードブルが4種類と本日のスープやパテがありますので、お好きな物をお好きなだけお取りいただき、お楽しみいただければと思います。
ときおり、私どものシェフの創造力を超えるお客様がいらっしゃいます。例えば、サラダとパテを組み合わせるという、私どものシェフでも思いつかない組み合わせをされたお客様がいました。パテがアンチョビのように調味料として新しく生まれ変わったのです。革新的なサラダをお見せいただければ、もしかしたら、チーフシェフとして雇われるかもしれませんよ。

Mary：はははははは！でも、それは面白いわね。あなたの言うように、私も面白い組み合わせを考えてみようかしら。私、ブッフェに目がないの。ウェブサイトで拝見してから、このカスタマイズサラダをとっても楽しみにしていたの。本当に75パターンの中から自分だけのサラダを作れることが分かったわ！カスタマイズのサラダを作れるなんて、私たち女性にとっては、とってもうれしいわね。

Patricia：そうね〜。女性はできるだけ多

Ishikawa: Well, please let me explain the course menu. This prefix course comes with a bottle of our homemade white wine, so please make a toast with it.
If you go to the salad counter right there, our chef makes salads on the spot, mixing five kinds of vegetables, three types of healthy & fruity dressings, and five different condiments. You can choose anything you like out of 75 variations and create your own "customized salad." Next to the salad area, we have marinated vegetables, four kinds of Italian appetizers, soup and pate of the day. Please help yourself to as much as you want of anything on the counter. I hope you enjoy it.

Once in a while, our customers can be a greater chef than ours. For example, some of them combined pate with salad, creating combinations our chefs never imagined. Pate has been reborn as a condiment like anchovy. If you can show me an innovative salad, perhaps, you might be hired as the head chef.

Mary: Hahahaha...*But, that's interesting to hear. I wonder if I should try to think of an interesting combination, like you said.* I can't get enough of buffets. After seeing your website, I have been looking forward to these customized salads so much. Now I know it is true that we can make our own salads choosing from 75 variations. For ladies like us, we are so happy to be able to make customized salads.

Patricia: So true. Women want to take as

く野菜を摂取したいものね。私たちのホテルにもサラダバーがあるけれど、75パターンもないから、これはすごいわ！
（それぞれサラダバーに行き、独自のサラダづくりを楽しむ）

Antonella：私は、地中海風シーフードサラダよ。

Patricia：私は、バゲットに野菜のマリネとパテを乗せた、題してマリネージュよ！

Mary：パトリシア、あなたのサラダすごいわね！さあ、みんな取り終ったし、乾杯しましょう！私たちの幸ある未来にかんぱーい！

many vegetables as possible. We also have a salad bar at our hotel, but not 75 variations. This is amazing!
(Each of them went to the salad bar and enjoyed making their original salads.)

Antonella: Mine is Mediterranean seafood salad.

Patricia: I put marinated vegetables and pate on a baguette. I call it marinage!

Mary: Wow, Patricia, yours is wonderful. Now that everyone has finished getting their appetizers, shall we make a toast? Cheers to our happy future!

Yuko's おもてなしポイント 3

お客様が驚くような表現や食べ方のご提案によりお客様の心をつかむ

石川さんは、「ときおり、私どものシェフの創造力を超えるお客様がいらっしゃいます」
Once in a while, our customers can be a greater chef than ours.
と、「お客様がシェフを超える」という表現をしており、これを聞いたお客様はどんなふうだろうと興味をそそられることでしょう。また、石川さんは、以前いらしたお客様の斬新な組み合わせをご紹介することで、再びお客様の驚きを導きます。
「例えば、サラダとパテを組み合わせるという、私どものシェフでも思いつかない組み合わせをされたお客様がいました。パテがアンチョビのように調味料として新しく生まれ変わったのです」
For example, some of them combined pate with salad, creating combinations our chefs never imagined. Pate has been reborn as a condiment like anchovy.
これを聞いた Mary さんは、さっそく、
「でも、それは面白いわね。あなたの言うように、私も面白い組み合わせを考えてみようかしら」
But, that's interesting to hear. I wonder if I should try to think of an interesting combination, like you said.
と言ってもらえたので、すでに Mary さんは、Mr. Smile のファンになったことでしょう。

Yuko's おもてなしポイント ④

お客様がご気分を害されないようなジョークを会話に挟むことで、お客様との距離感を縮める

さらに、石川さんが「革新的なサラダをお見せいただければ、もしかしたら、チーフシェフとして雇われるかもしれませんよ」

If you can show me an innovative salad, perhaps, you might be hired as the head chef.

と冗談を言うと、Mary さんは、Hahahaha と笑ってくれました。このようなジョークは、笑顔を生み出すので、お客様との距離感を縮めることができます。

Mary さんは、外資系の高級ホテルに勤務する同業者ではありますが、やはり海外の方はジョークが大好きなので、このように石川さんのジョークを快く受け入れてくれました。日頃から手持ちのジョークを持っておくと海外のお客様の心に響く接客ができるでしょう。これは、接待をするビジネスパーソンにも同様のことが言えます。日本の名物や、有名な日本の歴史や政治家をジョークに入れると面白いかもしれません。

〈海外のお客様を接待される方〉

例えば、A: I think you and the shogun Ieyasu Tokugawa have something in common.
(あなたと将軍徳川家康には共通しているものがありますよ)
B: Why?（どうしてだい？）
A: The way you treat people is similar to the way Ieyasu Tokugawa did.
(人の扱い方が徳川家康と似ているのです)
There is an old saying that reflects his character: "Cuckoo, if you don't sing, I will wait until you do sing."
(徳川家康の性格を表した古いことわざがあります。「鳴かぬなら、鳴くまで待とう、ホトトギス」)

四つ葉のクローバー

石川：皆さんお味はいかがですか？
Antonella：お野菜はどれもとても新鮮でドレッシングとの組み合わせを考えるのも楽しかったわ。
Patricia：このピスタチオのスープもおいしいわ！舌触りがなめらかだわ。
石川：そう言っていただけて光栄です。それでは、ファーストディッシュのご説明をさせていただきます。ご婦人方、ご覧の通り、この一皿は、四つ葉のクローバーに見えると思います。これは、私どものシェフが、皆さまがシンデレラのように末永く幸せな暮らしを送れるよう、この四つ葉が、皆さまに幸運を運んでくれるようにという思いを込めて、お作りいたしました。右手上が大豆のムースで、下がバゲットの上にタコと仕込んだ玉ねぎ、左手上が、オクラとラディッシュにアンチョビソース、下がエビのエスカベッシュでございます。
日本では、私が幼い頃、野原で四つ葉のクローバーを見つけるのは大変でしたので、見つけられたらいいことが起きると、言い伝えられてきました。皆さんのお国ではどうでしょうか？
Antonella：イタリアにもそういった言い伝えはあるわね。四つ葉のクローバーは幸せの象徴で、アルファロメオのロゴでもあるの。

Ishikawa: So everyone, how was the taste?
Antonella: The vegetables are all so fresh and it was fun to think about the combination of vegetables and dressing.
Patricia: This pistachio soup is delicious! It's velvety smooth.
Ishikawa: I am so honored to hear such comments. Now, let me explain the first dish. *My dear ladies, as you can see, this plate looks like a four-leaf clover. Our chef made this dish, putting his heart into it in hopes that the four-leaf clover will bring good luck to all of you so that you can live happily ever after like Cinderella.* On your upper right is soybean mousse. On your lower right is a baguette with octopus and stewed onion on top. On your upper left is okra and radish with anchovy sauce. On your lower left is escabeche of shrimps.
In Japan, when I was little, it was so hard to find four-leaf clovers in fields. So, when I found one, I was told that something good was going to happen. What about in your countries, ladies?
Antonella: We have the same saying in Italy. A four-leaf clover is a symbol of happiness and also Alfa Romeo's logo.

Yuko's おもてなしポイント 5

お客様に幸せな気分を想起させる

このシーンでは、石川さんは女性3人に幸せな気分になってもらおうと思い、四つ葉のクローバーが幸せを運んでくれるようにシェフが丹精込めてお料理をお作りしたとお話しています。「ご婦人方、ご覧の通り、この一皿は、四つ葉のクローバーに見えると思います。これは、私どものシェフが、皆様がシンデレラのように末永く幸せな暮らしを送れるよう、この四つ葉が、皆さまに幸運を運んでくれるようにという思いを込めて、お作りいたしました」と語っています。

My dear ladies, as you can see, this plate looks like a four-leaf clover. Our chef made this dish, putting his heart into it in hopes that the four-leaf clover will bring good luck to all of you so that you can live happily ever after like Cinderella.

さらに、四つ葉のクローバーの言い伝えもご紹介しています。
「日本では、私が幼い頃、野原で四つ葉のクローバーを見つけるのは大変でしたので、見つけられたらいいことが起きると、言い伝えられてきました」

In Japan, when I was little, it was so hard to find four-leaf clovers in fields. So, when I found one, I was told that something good was going to happen.

こうしたその国々の言い伝えは、聞いていて新たな発見があり、楽しいですよね。

Key1　Humor　女子会を盛り上げるシンデレラストーリー

こけこっこ〜

Mary：お皿が本当に四つ葉のクローバーのようでかわいいわね。

Patricia：お皿に載せられたお料理はどれも色鮮やかに計算されていて、いろいろなものを少ないポーションでたくさん食べられていいわね。

石川：ありがとうございます。さて、お次は、当ホテル自家製のパスタでございます。トリュフ入り自家製タリアテッレ　大山鶏モモ肉とマコモダケのラグーとなっております。大山鶏は鳥取県産で、サマートリュフを上にかけております。香りをお楽しみください。

Antonella：白トリュフの香りがいいわね。この一品もとってもおいしそう！

石川：皆さん、余談ですが、日本では、鳥はこう鳴くんですよ。
こけこっこ〜！（両腕を鳥の羽に見立てて、動かしながら）

Mary: These four plates look exactly like a four-leaf clover and it looks so lovely.

Patricia: The color of each dish placed on the plate is meticulously calculated. It's good to be able to eat a variety of foods in small portions.

Ishikawa: Thank you very much. The next dish is home-made taliatelle, Daisen chicken thigh, and makomo bamboo ragu with truffles on top. Daisen chicken is produced in Tottori Prefecture and we use white summer truffles on top. Please enjoy the aroma.

Antonella: The white truffles smell so good. This dish looks so delicious, too!

Ishikawa: Ladies, this is just an aside, but chickens in Japan crow like this.
"Kokekokko!" (fluttering his arms like the wings of a bird)

Yuko's おもてなしポイント ６
海外のお客様に笑っていただき、楽しんでいただく

海外のお客様は、鳥取県産の大山鶏と言われてもピンと来ないのが正直なところだと思います。しかし、このシーンで石川さんは、両手を羽に見立ててばたつかせながら、鶏の鳴きまね「こけこっこ〜！」***Kokekokko!*** とご婦人方に見せることで、とっても楽しんでいただけました。

ある意味、こうした５つ星ホテルではありえなかったユーモラスなおもてなしが、今後オリンピックに向け、ますます外国人観光客が増える日本にとって、海外のお客様を引き付ける大事な要素となってくるのは間違いないでしょう。海外のお客様は、こうしたユーモラスなことができるスタッフのファンになり、再来店してくれるので、お店やホテル、その他の商業施設でも売り上げに確実に影響が出ることでしょう。

白トリュフの雪化粧

Patricia: ハハハハハハ、Mr. Smile、あなたって信じられないくらいおもしろいのね。
Mary: ハハハハ、ほんとね。私おもしろい人って好きよ。
Antonella: ふふふ、みんなこの鳥と手作りタリアテッレ、おいしいわよ！ Mr. Smile、ワインをみんなのグラスにもう少し注いでくれるかしら？
石川: かしこまりました。皆さんに喜んでいただけるのが私の生きがいです。
（白ワインを3人のグラスに注ぐ）

石川: さて、最後のメインディッシュは仔牛のフィレ肉のロースト バルサミコのソース仕立てのルッコラとパルミジャーノのサラダでございます。オーストラリア産の仔牛を使用しておりまして、バルサミコのソースがベールのようにかかっております。仔牛の下にサラダがカーペットのように敷いてあるので、仔牛がその上で仮眠をとっているかのように見えませんか？ さらに、白トリュフが上からぱらっとかかっているので、仔牛が白トリュフのブランケットで雪化粧をされています。

Patricia: Hahahahaha, you are incredibly funny, Mr. Smile.
Mary: Hahaha, that's true. I like funny people.
Antonella: Huhuhu, ladies, this chicken and home-made taliatelle are awesome! Could you pour a little more wine into our glasses, please, Mr. Smile?
Ishikawa: Certainly. Pleasing you all is what I live for.
(Pouring the white wine into their glasses)

Ishikawa: The main dish is roasted veal tenderloin, parmigiano and rocket salad with balsamic reduction. We use Australian veal and the balsamic sauce covers the veal like a veil. *The salad beneath the veal has been spread out like a carpet, so don't you think it looks like the veal is resting on the salad carpet? And what's more, the veal has been lightly dusted with a blanket of snow made of white truffles, since white truffles have been lightly sprinkled from above.*

Yuko's おもてなしポイント 7

女性のお客様が喜ぶ、詩的な表現を心がける

このシーンで石川さんは、「仔牛の下にサラダがカーペットのように敷いてあるので、仔牛がその上で仮眠をとっているかのように見えませんか？さらに、白トリュフが上からぱらっとかかっているので、仔牛が白トリュフのブランケットで雪化粧をされています」と、情景が浮かぶような詩的な表現をしています。

The salad beneath the veal has been spread out like a carpet, so don't you think it looks like the veal is resting on the salad carpet? And what's more, the veal has been lightly dusted with a blanket of snow made of white truffles, since white truffles have been lightly sprinkled from above.

仔牛がサラダのカーペットの上で仮眠をとっている、という発想ができるようになることが、接客をする側の人間にとっては大事になるでしょう。また、白トリュフが上からかかっていることを「雪化粧」と表現しているのも日本の情緒を表していますね。本来、白トリュフは秋の食材ですが、あえて女性のお客様だからこそ、「雪化粧」という表現をしたのです。せっかくなので、英語で「雪化粧をしている」という表現を覚えておきましょう！

be lightly dusted with snow

このシーンのように、牛肉の料理の下に野菜が敷いてあるパターンはよくあるので、他の表現も覚えておくとよいでしょう。

例　The lamb ***is lying on a meadow*** of green vegetables.
　　（子羊は、青野菜の草原に横たわっている）

また、料理の上からかかっている白い粉砂糖や、今回のようにパルミジャーノチーズがかかっている場合の表現も、ご参考までにご紹介いたします。

例　Powdered sugar ***is falling onto*** the fondant chocolate ***like powder snow***.
　　（粉砂糖が、粉雪のようにフォンダンショコラに舞い降りている）

3階建てのデザート

石川：メインのお肉はお気に召されましたか？

Mary：ええ、とってもおいしかったわ。

Antonella：たぶん、サラダ仕立てになっているから、仔牛と食べると、とってもヘルシーに感じたわ。

石川：皆さま白ワインでいい気分になられたと思うので、お口直しにノンアルコールの「シンデレラ」はいかがでしょうか？

Patricia：是非、いただきたいわ！

石川：では、お持ちいたします。そして、最後にお持ちいたします一品はデザート

Ishikawa: Did you like the main dish, the meat?

Mary: Very much. It was delicious.

Antonella: Probably because the veal was mixed with the salad, I felt it was so healthy when I was eating it.

Ishikawa: All of you must be feeling full of yourself because of the wine. To freshen your mouth, how about trying a non-alcoholic drink named "Cinderella"?

Patricia: I'd love to!

Ishikawa: I'll bring it right away. The last dish that I will be serving today is the

です。愛媛県産の河内晩柑のゼリーと紅茶のアイスクリームのマリアージュでございます。河内晩柑とは、日本のグレープフルーツです。このデザートは、百貨店のように3階建てで構成されておりまして、1階がアールグレイのアイスクリームで、2階が河内晩柑のゼリー、3階が河内晩柑のシャーベットです。上にかかっているアラザンは、ダイヤモンドの雪が降り注いでいるかのようです。一度に3種類のお味がお楽しみいただけます！混ぜていただいても絶妙なお味になりますよ。

Antonella：Mr. Smile のお料理の説明は、とてもロマンチックね。きっとロマンチストなのね。

石川：そうかもしれませんね。でも、この業界でそういうふうに訓練されたのかもしれないです。

Mary：あなたのおっしゃること、分かる気がするわ。

石川：お待たせいたしました。Tony こと鉄板焼きのマネージャーでもあり、料飲のマネージャーの谷口が皆さまのために特別なカクテルをご用意いたしました。ガラスの靴付きのシンデレラです。

これをお楽しみになりましたら、12時前にお部屋にお戻りになることを願っております。

Patricia：え〜どうして？もっと飲みたいわ。

石川：だって、皆さんはシンデレラですから。

Mary：そうね、だとしたら、白馬に乗った王子様が迎えに来てくれることを願いながら、美容のために睡眠をとらなくちゃ。

石川：お帰りの際は、お靴を片方お忘れなく！

dessert, which is named marriage of kawachibankan gelatin and tea flavored ice cream. Kawachibankan is a Japanese grapefruit. *This dessert is made of three floors like a department store. The ground floor is earl-grey-flavored ice cream and the second floor is a gelatin of kawachibankan. The third floor is a sherbet made of kawachibankan. Silver sprinkles on top seem like a snowfall made of diamonds.* You can enjoy three different tastes at one time! If you mix them all, it will create an exquisite taste.

Antonella: The way you explain each dish was quite romantic, Mr. Smile. You must be romantic.

Ishikawa: Maybe I am. However, it could be because that was how I was trained in this industry.

Mary: I see what you mean.

Ishikawa: I'm deeply sorry to have kept you waiting. Taniguchi known as Tony, who is the manager of teppanyaki and the manager of food and beverage, made a special cocktail for you. It's a Cinderella with a glass slipper.

After you finish drinking this, I hope that you will return to your rooms before 12 a.m.

Patricia: Humm, why? I want to drink more.

Ishikawa: *Because you are all Cinderellas.*

Mary: Well, then, we should all have a beauty sleep, hoping that our prince charmings on white horses will come to us.

Ishikawa: *Don't forget to bring one shoe when you go back to your room!*

Yuko's おもてなしポイント 8

ロマンチックなたとえ話を交え、女性のお客様の気分を高揚させる

はじめのシーンで石川さんは、「3層のデザート」を、英語では「3階建て」*three floors* と表現しており、「アラザン」を「ダイアモンドの雪」*snowfall made of diamonds* とたとえています。

こうしたロマンチックな説明を受けたら、やはりお料理をメニュー通りに説明されるよりも、受け手の気持ちが華やぎます。石川さんは河内晩柑と紅茶のアイスクリームの説明を次のように表現しました。

「このデザートは、百貨店のように3階建てで構成されておりまして、1階がアールグレイのアイスクリームで、2階が河内晩柑のゼリー、3階が河内晩柑のシャーベットです。上にかかっているアラザンは、ダイヤモンドの雪が降り注いでいるかのようです」

This dessert is made of three floors like a department store. The ground floor is earl-grey-flavored ice cream and the second floor is a gelatin of kawachibankan. The third floor is a sherbet made of kawachibankan. Silver sprinkles on top seem like a snowfall made of diamonds.

また、最後のシーンでは、Tony が作ったノンアルコールカクテル「シンデレラ」をお持ちした際、石川さんは、「これをお楽しみになりましたら、12時前にお部屋にお戻りになることを願っております」と言います。

After you finish drinking this, I hope that you will return to your rooms before 12 a.m.

その訳は、「だって、皆さんはシンデレラですから」と。

Because you are all Cinderellas.

女性が言われたら最もロマンスを感じる言葉をおやすみ前にプレゼントしたのです。
しかも、シンデレラのストーリーをうけて、
「お帰りの際は、お靴を片方お忘れなく！」

Don't forget to bring one shoe when you go back to your room!

と言うことを付け加えています。

こんなふうに、Humor（ユーモア）は、笑いにもロマンチックにも、いろいろな使い方があることをお分かりいただけましたでしょうか？

Professional Eye
【食感を英語で伝える】

　レストランにおいて、日本語と英語で大きな差が出るのは食感の表現です。
「日本語は単語を2回繰り返すとテクスチャーを表現する形容詞になる」という話もききます。たしかに、ぷりぷり、ふわふわ、プルプル、パサパサなど、すぐ浮かびます。一方で、日本人がよく使う食感の表現でも、「シュワシュワ」「パリパリ」「もちもち」など英語にしづらい言葉がいくつもあります。

　ここではよく使う食感表現を日本語と英語の対比でまとめてみました。レストランスタッフとして、おもてなし英語にはかかせない表現といえます。

【食感の英語表現】
カリカリ、ポリポリ、ぼきぼき　crunchy（P59「カリカリ梅」参照）
ぎとぎと　greasy
サクサク　crispy
シャキシャキ　fresh, crisp
シュワシュワ　fizzy
だらだら　dripping
つるつる　silky
ドロドロ　mushy
ねばねば　sticky
パサパサ　dry
パリパリ　crisp
ぴりぴり　tangy
プチプチ　popping
プルプル　gelatin-like
フワフワ　fluffy
ベタベタ　gooey
べどべど　gluey
ほくほく　not soggy
もちもち　spongy, chewy

※参考文献：早川文代著
　『食べる日本語』（毎日新聞社）
　『食語のひととき』（毎日新聞社）

Key1　Humor　女子会を盛り上げるシンデレラストーリー

Key2　Hospitality
プロポーズを演出するオリジナルカクテル

舞台：レインボーブリッジビューダイニング＆シャンパンバー マンハッタン

　ニューヨークグリルをコンセプトとする、フランス料理を提供するレインボーブリッジビューダイニング＆シャンパンバー「マンハッタン」は、目の前にレインボーブリッジ、左手には東京スカイツリー、右手には東京タワーという東京3大ビューを臨めるとびっきりロマンチックなロケーションに位置しています。ルーフトップテラスからは、ニューヨークのマンハッタンの夜景を彷彿させる、隅田川のリバービューも見えます。

　そこに、出張で日本に滞在している Peter George 様と恋人の鈴木恵理子様が来店されました。George 様は生粋のニューヨーク在住の証券マン。鈴木様は外資系証券会社に勤務するトレーダー。二人は、ニューヨークと日本を行き来し遠距離恋愛を続け、愛を育んできました。そして、本日、George 様から、ホテルエクセレント東京ベイは宿泊予約をいただいております。今日は交際を始めてから2年目の記念日。George 様は鈴木様との出会いの記念日をお祝いするため、自宅のあるマンハッタンをコンセプトとする「マンハッタン」を予約してあります。そこには、「ある理由」が隠されていました。

　George 様は事前にマンハッタンの Mr. Bridge こと秋保さんにあるお願いをしてあります。今回、このお二人を担当するのは、「東京五輪おもてなしプロジェクト」にかかわり、7つの鍵の内、Hospitality を提案した秋保さんです。さぁ、George 様と鈴木様の愛の行方はどうなるのでしょうか？

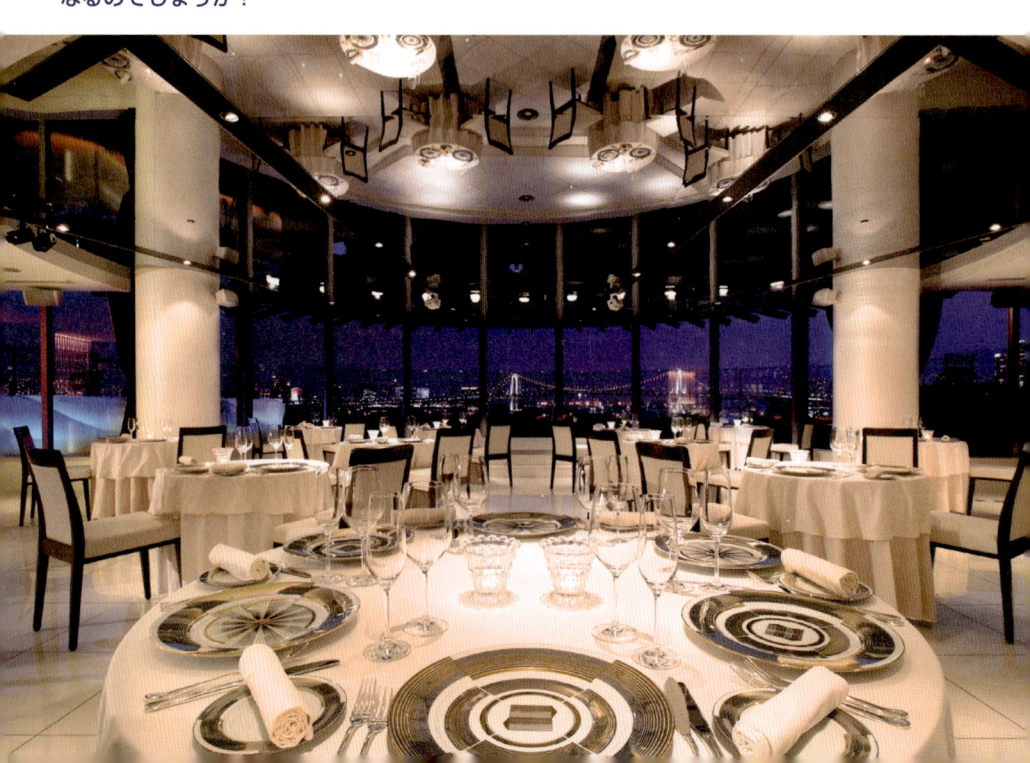

東京3大ビュー

秋保：ようこそマンハッタンへ、George 様、鈴木様、ご来店お待ちしておりました。私、本日テーブルを担当させていただく秋保と申します。おかしいと思われるでしょうが、ときおり、お客様のようなカップルの架け橋になるようなことをしているので、Mr. Bridge と呼ばれています。お気軽に私 Mr. Bridge にご用命下さい。George 様と鈴木様のお席を海側のレインボーブリッジが最もよく見えるところにご用意しております。こちらへどうぞ。

George：ありがとう。Mr. Bridge、電話でお願いした2周年記念のカクテルとロマンチックな演出もよろしく（秋保の耳にささやく）。

恵理子：眺めが良さそうね。

秋保：こちらがお二人のお席です。目の前にレインボーブリッジが広がり、左手には、東京スカイツリー、右手には東京タワーが見えます。これらは東京3大ビューと言われているんですよ。George 様のご自宅のあるマンハッタンの夜景を彷彿させる隅田川も見えますよ。

George：お〜これはなかなかの眺めだね、ハニー？

恵理子：すごくいい眺めね。日本でもニューヨークのような景色が見える場所があるのね。知らなかったわ。

Akiyasu: Welcome to "Manhattan," Mr. George and Ms. Suzuki. We've been expecting you. My name is Akiyasu and I will be your server tonight. It may sound funny, but *everyone calls me Mr. Bridge because I sometimes play a role as a bridge for couples like you.* Please don't hesitate to call me Mr. Bridge if you need anything. Today, we have reserved your table on the Rainbow Bridge side from which you can get the most beautiful view of the bridge. Please come this way.

George: Thank you, Mr. Bridge. As I requested on the phone, please don't forget the cocktails for our two year celebration and also, a romantic ambiance too, you know (whispering into Akiyasu's ears).

Eriko: It seems like they have a nice view.

Akiyasu: Here are your seats. *The Rainbow Bridge is right in front of you. On your left, you can see TOKYO SKYTREE and on your right is Tokyo Tower. These are called "Tokyo's Three Great Sights to View." Mr. George, you can see the Sumida River which might remind you of the night view of Manhattan.*

George: Wow, this view is quite something, don't you think, honey?

Eriko: This is really a nice view. I didn't know there was such a place where we can see a view just like New York.

Yuko's おもてなしポイント 1

海外のお客様には、日本を象徴する景色の説明をできるだけ多くする

「マンハッタン」のように、東京3大ビューの「レインボーブリッジ」「東京タワー」「東京スカイツリー」が見える絶好のロケーションにあるレストランは、是非海外のお客様に、「またあの景色を見たいな」と思っていただけるようなご説明をしましょう。また、Mr. Bridge こと秋保さんは、以下のように、George 様のご自宅のマンハッタンを連想させる表現もしています。やはり、海外からのゲストは、海外に来ていても、自国の風景と似た景色を見られるのはうれしいのではないでしょうか？

「目の前にレインボーブリッジが広がり、左手には、東京スカイツリー、右手には東京タワーが見えます。これらは東京3大ビューと言われているんですよ。George 様のご自宅のあるマンハッタンの夜景を彷彿させる隅田川も見えますよ」

The Rainbow Bridge is right in front of you. On your left, you can see TOKYO SKYTREE and on your right is Tokyo Tower. These are called "Tokyo's Three Great Sights to View." Mr. George, you can see the Sumida River which might remind you of the night view of Manhattan.

料理長のおもてなし

秋保：乾杯のお飲み物はいかがなさいますか？マンハッタンロワイヤルというカクテルがありますが、そちらはバラのお花とチェリーがグラスの縁にあるピックについておりまして、たいへん女性に好評でございます。
恵理子：バラのお花がついているなんて素敵！それをいただくわ。
George：じゃあ、それを二つ下さい。

（しばらくすると……）
秋保：マンハッタンロワイヤルでございます。お楽しみ下さい。
George & 恵理子：二年目の記念日にかんぱーい！
恵理子：甘酸っぱ〜い。最初のデートを思い出すわ！
George：そうだね。最初のキスもこんな味だったな〜。
秋保：それでは、ご予約いただいたコースのご説明をさせていただけますでしょう

Akiyasu: What would you like to drink for a toast, sir? We have a cocktail named "Manhattan Royal." It has a rose and cherry skewered on a cocktail-pick, which sits on the edge of the glass. This is very popular among ladies.
Eriko: It's got a rose? Wow, wonderful. I'll have it.
George: Then, we'll have two.

(After a while...)
Akiyasu: Here is your Manhattan Royal. Please enjoy.
George & Eriko: Cheers to the second anniversary of our meeting!
Eriko: It's sweet and sour. It reminds me of our first date!
George: Right. Our first kiss tasted like this.
Akiyasu: Well, then let me explain the course menu you reserved? The first

か？最初の一品はアミューズブッシュと申しまして、料理長からの「おもてなし」でございます。料理長がマンハッタンのGeorge様のご自宅にちなんだ高層タワーをイメージしてお作りした3層からなるお料理です。一番下がコンソメのゼリー、真ん中がブロッコリーのエスプーマ。スペイン語で泡という意味のムースでございます。そして一番上が、生ハムと小豆島のオリーブオイルでございます。ブロッコリーのムースの滑らかさとコンソメの旨味、生ハムの塩味とオリーブオイルの香りをお楽しみ下さい。

dish is called amuse bouche. This represents our master chef's welcome to you. *He created this three layered dish in the image of a skyscraper in Manhattan where you live.* The bottom is jelly made from consommé and the middle is espuma of broccoli. Espuma is mousse and it means bubble in Spanish. On top is prosciutto ham and olive oil from Shodo Island. Please enjoy the smoothness of the broccoli mousse, the delicious taste of the consommé, and the salty taste of the prosciutto ham flavored with olive oil.

Yuko's おもてなしポイント 2

海外のお客様には、母国をイメージさせる

秋保さんは、George様がご宿泊のお客様でマンハッタンに在住のことを事前にフロントから聞いていたので、日本でも母国を思い出せるように、以下のように、マンハッタンにちなんだお料理を事前に料理長にお願いしておいたのです。

「料理長がマンハッタンのGeorge様のご自宅にちなんだ高層タワーをイメージしてお作りした3層からなるお料理です」

He created this three layered dish in the image of a skyscraper in Manhattan where you live. とご紹介をすることで、お客様は自分の出身地のことをどうして分かったのだろう？と思い、それと同時に、粋な計らいに感動し、このレストランのファンになってくれることでしょう。

他にも外国人のお客様には、母国をイメージしたお料理を出す際にはこんな表現をしてみてはいかがでしょう。

This dish is inspired by the image of your country.
（このお料理は、お客様の母国をイメージしてお作りしております）

カラフル・アート・テリーヌ

恵理子: ブロッコリーのムースが滑らかでベルベットのような舌触り。それに上の生ハムは、特に塩気が効いておいしいわ。

George: グラスの中に3層の色があって、確かにマンハッタンの高層ビルのようだ。

秋保: 二皿目は、季節の野菜たちでできた、「宝石箱」です。こちらは、色鮮やかなテリーヌとともに、トリュフの薫るアイスと根セロリのシャーベットが添えられています。通常テリーヌと聞くと、豚やレバーのパテを想像されるかと思います。しかし、こちらは、紅芯大根など彩り豊かな野菜を10種類以上使用しテリーヌを作っております。ですから、私どもは「カラフル・アート・テリーヌ」と名付けております。本日の鈴木様の御召し物も大胆な色使いがこのテリーヌのようでございますね。とっても素敵ですね！

Eriko: This mousse is very smooth, like velvet. The prosciutto ham on top is delicious, especially because the flavor of the salt is quite distinct.

George: The three layers of colors in the glass definitely look like a skyscraper in Manhattan.

Akiyasu: The second dish is one made of vegetables in season, which is named a "jewelry box." It is a colorful terrine with a combination of celeriac sherbet and white truffle ice. Normally, if you hear terrine, you may imagine pork or liver patty, but this terrine is made of more than 10 kinds of colorful vegetables such as watermelon radish. That's why we call it "Colorful Art Terrine." ***Your outfit today, Ms. Suzuki, is spectacularly colorful like this terrine. You look absolutely ravishing!***

Yuko's おもてなしポイント 3

お客様のセンスをほめる

この場面では、秋保さんは、
「本日の鈴木様の御召し物も大胆な色使いがこのテリーヌのようでございますね。とっても素敵ですね！」

Your outfit today, Ms. Suzuki, is spectacularly colorful like this terrine. You look absolutely ravishing!
とほめています。女性のお客様であれば、ファッションセンス、例えば、ヘアスタイルや御召し物、身に着けているジュエリーやバッグのセンスなどをほめるといいでしょう。

例　I like your hair style/dress. Your bag is lovely.
（髪型/御召し物が素敵ですね。あなたのバッグはお美しいですね）

男性であれば、ネクタイやスーツ、時計のセンスをほめるといいでしょう。

例　You have a good sense for ties/suits/watches.
（ネクタイ/スーツ/時計のセンスがいいですね）

男女に共通して使えるほめ表現をいくつかご紹介しましょう！

You have exquisite taste for fashion.（卓越したファッションセンスをお持ちですね）
You look awfully nice!（とっても素敵ですね！）（映画「Grand Hotel」からの引用）＊

女性には以下の表現は、最上級のほめ言葉になるでしょう。ただし、この表現は容姿に対しての踏み込んだほめ方になるので、注意が必要です。初めてのお客様であれば、上記の例のようにお客様のセンスをほめるといいでしょう。
You are as pretty as a picture.（あなたは、絵のようにお美しい）

お二人の「出会い」と "You and Me"

George：恵理子、君はいつも絵のように美しいよ。
恵理子：二人ともありがとう！そんな風にほめてもらえて光栄だわ。

秋保：次のお料理は、森をイメージしたキノコとつぶ貝のフリカッセ、ニョッキとフロマージュ、パセリのシフォンでございます。料理長が訪れた南フランスのシストロン村の森をイメージした一皿でございます。

George：たしかにキノコの香りで森を感じるよ。

恵理子：そうね、大学時代に好きだった作家の一人、ヘンリー・デイビット・ソローの『森の生活』を思い出すわ。

秋保：鈴木様は英文学がお好きなんですね。お次は、お魚料理で「青森県産平目のヴィエノワーズ」でございます。北海道産のうずら豆とパン粉が上にかかっております。ソースはレモンコンフィとフランス産の塩でございます。
本日は、Mr. Cocktail こと関根が、お二人の「出会い」にちなんで、お二人が初めて出会ってから本日で２年目ということで、"You and Me" というカクテルを

George: Eriko, you are always as pretty as a picture.
Eriko: Thank you both so much. I am so flattered to hear such compliments.

Akiyasu: The next dish is autumn mushroom and sea whelk fricassee with potato gnocchi and cheese parsley foam biscuit. This dish is inspired by the image of the woods of Sisteron Village, which our master chef saw when he visited the south of France.

George: I can certainly sense that this mushroom gives out the smell of the woods.
Eriko: This smell reminds me of "Walden" by Henry David Thoreau who was one of my favorite authors in my college days.
Akiyasu: You do love English literature, Ms. Suzuki. The next dish is fish. It's viennoise of Japanese flounder from Aomori Prefecture. On top are pinto beans from Hokkaido. Bread crumbs have been sprinkled over the fish. And the sauce is a mix of lemon confiture and salt from France.
Today, Mr. Sekine, known as Mr. Cocktail, made a cocktail called "You and Me." *It is*

ご用意いたしました。グラスのまわりの砂糖は今晩の甘いひとときを表しています。

恵理子：わ〜すごい素敵！酸味とまわりの砂糖の甘さが、絶妙な調和を成しているわね。

named after your "Encounter" because this is the second anniversary of you two meeting for the first time. Sugar around the glass represents a sweet moment for tonight.

Eriko: Wow, it's wonderful! The sour taste and sweetness of the sugar create a fine balance.

You and Me

Over the Rainbow

Yuko's おもてなしポイント ４

お料理や飲み物をお客様の記念日と関連づけて説明する

秋保さんは、この日のお飲み物を以下のように、お客様の記念日に紐づけて説明をしています。
「本日は、Mr. Cocktailこと関根が、お二人の『出会い』にちなんで、お二人が初めて出会ってから本日で２年目ということで、"You and Me" というカクテルをご用意いたしました」
It is named after your "Encounter" because this is the second anniversary of you two meeting for the first time.
と秋保さんは説明しております。
お二人が初めて出会ってから２年目の「出会い」とYou and Meというカクテルをかけて表現することで、秋保さんがいかにお客様二人のことを考えているのかが伝わることでしょう。また、
「グラスのまわりの砂糖は今晩の甘いひとときを表しています」
Sugar around the glass represents a sweet moment for tonight.
というロマンチックな一言で、二人はより一層盛り上がることでしょう。

レインボーブリッジと "Over the Rainbow"

秋保：最後のメインディッシュは、ダブルエイジングいたしました熊本県産赤牛のロースでございます。ドライエイジングを35日間、氷温熟成を10日間で仕上げております。熟成肉特有の香りをお楽しみ下さい。

最後のメインディッシュをお二人がお召し上がりになっている間に、このマンハッタンから見えるレインボーブリッジにちなんだカクテル "Over the Rainbow" を関根が今ご用意しております。お二人は2年間、遠距離でありながら愛を育んでいらっしゃるということですが、私はMr. Bridge として、お二人の愛は、距離を超えるという想いをこめて、このカクテルをプレゼントしたいと思います。

George：Mr. Bridge、本当に君のおもてなしの精神には感激したよ。僕たちの記念日をこんなにも考えていてくれたなんて思いもしなかったよ。
結婚式には是非こちらのお店を使うことを約束するよ（秋保に耳打ちをする）。

Akiyasu: Today's final, main dish is double aged loin of red cattle raised in Kumamoto Prefecture. This beef is prepared first by dry aging it for 35 days and then aging it at ice-cold temperature for 10 days. I hope you enjoy the unique aroma of the aging beef.

While you two are enjoying the main dish, Sekine, known as Mr. Cocktail, is making a cocktail named "Over the Rainbow," whose theme is the Rainbow Bridge that you can see from here. I heard that you two have been nurturing a long-distance relationship for two years. *I, as Mr. Bridge, would like to present the cocktail, in hopes that your love will go beyond the distance.*

George: *Mr. Bridge, I was really moved by your spirit of hospitality.* I never imagined that you would take our anniversary so seriously.
I promise we'll have our wedding reception here at the Manhattan (whispering in Akiyasu's ears).

Professional Eye

【牛肉の熟成について】

マンハッタンで提供する牛肉は、次のようなダブル熟成法をとっています。

ドライエイジング（乾燥熟成）

熊本県産の赤牛、または、岩手県産短角牛の赤身の和牛。ブラックアンガスビーフを専用の熟成庫にて、温度1℃前後、湿度70〜80％で風を管理調整し、28日〜35日（お肉原体の大きさによって期間を決めている）白カビを付着させ、酵素の働きにより、芳醇でマイルドな特有の香りをつけます。

ウエットエイジング（氷温熟成）

ドライエイジングしトリミングしたのち、真空パックし、氷温協会認定の熟成庫（凍らないギリギリの温度）で10日〜20日ゆっくり熟成を進行させ、さらにテンダーな食感に変化させます。

Yuko's おもてなしポイント 5

お客様がどうしたら喜んでくれるか、幸せになるかを考え、同僚との連携プレイにより、ファンになっていただく

秋保さんは、
「ときおり、お客様のようなカップルの架け橋になるようなことをしているので、Mr. Bridge と呼ばれています」
...everyone calls me Mr. Bridge because I sometimes play a role as a bridge for couples like you.
と冒頭で言っていました。そして、お客様の架け橋になることを一生懸命考え、たどり着いたのが、カクテル担当の関根さんに 2 人の「出会い」と交際を祝福するカクテルを依頼することでした。1 つ目は、***"You and Me"*** で、2 つ目はお二人の愛は距離を超えるという想いをこめた ***"Over the Rainbow"*** を作ってもらうことでした。お客様のために想像力を最大限に働かせる、これこそが真の「hospitality（おもてなしの心）」と言えるでしょう。
秋保さんは、お二人の愛を実らせたいという気持ちを、以下のように表現しています。
「私は Mr. Bridge として、お二人の愛は、距離を超えるという想いをこめて、このカクテルをプレゼントしたいと思います」
I, as Mr. Bridge, would like to present the cocktail, in hopes that your love will go beyond the distance.
秋保さんの気持ちは、George 様にも伝わり、
「Mr. Bridge、本当に君のおもてなしの精神には感激したよ」
Mr. Bridge, I was really moved by your spirit of hospitality.
と感動してくれました。

プロポーズ

George: どれも豪勢な料理だったね。お腹がいっぱいだよ。
恵理子: 私もお腹いっぱい。
George: 恵理子、実は今晩、伝えたいことがあるんだ。
僕はいつも君に会いたいんだ。僕は、身も心も君の虜だ。君を……愛しているよ。今日という日から、二度と離れたくない。

僕の愛する人よ、結婚してくれるかい？（ひざまづきながら）
恵理子: もちろんよ。（涙を目に浮かべている）

George: Each dish was sumptuous. I am so full now.
Eriko: Me, too.
George: Eriko, I have something to tell you tonight.
I must see you every single day. You have bewitched me, body and soul, and I love...I love...I love you. I never wish to be parted from you from this day on.（Cited from the movie "Pride and Prejudice"）＊
Love of my life, will you marry me?（Kneeling down）
Eriko: Of course, I will.（Full of tears in her eyes）

秋保：George 様、鈴木様、おめでとうございます！
コース料理最後のデザートと"Over the Rainbow"は、お部屋で楽しんでいただけるよう、ご用意しておりますので、ごゆっくりくつろぎながらお楽しみ下さい。秋の果実たちがお部屋でお待ちしております。

二人が部屋に行くと、「秋の果実たちのテリーヌとクレーム・ダンジュ／ご婚約おめでとうございます／スタッフ一同より」と書かれたメッセージカードがテーブルに置かれ、色鮮やかなフルーツが二人のこれからの結婚を祝福してくれたのだった。

Akiyasu: Congratulations, Mr. George and Ms. Suzuki!
We have arranged the last course, your dessert and "Over the Rainbow," for you to enjoy in your room. So please make yourself at home and enjoy. Autumn fruits await you.

When they went to the room, there was a message card placed on the table, which said: "Autumn fruit terrine with crémet d'Anjou. Congratulations on your engagement. All the staff members." Colorful fruits were celebrating their upcoming marriage.

Yuko's おもてなしポイント ⑥

セレブレーション文化を実践する

ホテルにおいては、プロポーズのお手伝いを依頼されることは少なくありません。これは、お客様の人生を左右する一大イベントです。こうした場合、サービスをするスタッフは、お客様のプロポーズをどのようにお手伝いしたらいいか悩ましいところです。今回 George 様の場合は、Mr. Bridge こと秋保さんは、事前に二人の２年間の交際を記念するカクテルの依頼を受けていたので、関根さんにお二人の雰囲気が盛り上がるようなカクテルを作るようお願いをしたのです。それだけにとどまらず、お二人のテーブル担当の秋保さんは、お二人の話の流れをしっかりとみていたので、George 様が「僕の愛する人よ、結婚してくれるかい？」
Love of my life, will you marry me?
とプロポーズをする直前に、実は厨房に依頼をして早めにデザートを作ってもらい、スタッフ全員からの祝福メッセージを入れたカードを添えて、客室係に頼んで、お二人のお部屋に持って行ってもらったのです。秋保さんのように機転の利いたことはなかなかできないとお思いになるかもしれませんが、普段から同僚の赤ちゃんが生まれたときは、baby shower をしたり、同僚の誕生日の際は、年齢を表す数字が入ったクッキーやケーキを用意してサプライズパーティーをするセレブレーション文化が社内に定着していれば、恥ずかしくなんかありません！
こうした文化が社内にシステムのように制度化されていると、お客様に対するおもてなしの質も自然と向上していくものと思われます。

※参考文献：高野登著『リッツ・カールトンが大切にする サービスを超える瞬間』（かんき出版）
＊セリフ引用（P43）：映画「Grand Hotel」／邦題「グランド・ホテル」
＊セリフ引用（P46）：映画「Pride and Prejudice」／邦題「高慢と偏見」

Key3　Hope
接待客を興奮させるエキサイティング体験

舞台：鉄板焼 匠

　ホテルエクセレント東京ベイでは、「ヘルシー」「ビューティ」「フレッシュ」というコンセプトをもとに、五感でフルにお食事をお楽しみいただけるような配慮を随所に施しております。街中のどの飲食店においても、「視覚・聴覚・嗅覚」で食材を最大限に楽しんでもらうための努力がなされていると思うのですが、ホテルエクセレント東京ベイは他のレストランとは一線を画しているのです。
　では、どのような点から他社との差別化を図っているのでしょうか？それは、経営発想の違いに端を発します。ホテルエクセレント東京ベイは、ブライダル業界の牽引者、塚田社長の、ブライダル会社経営から着想を得た、初めてのお客様を「ワォ！」と感動させるという経営理念にもとづき、お客様にサービスを行っています。だからこそ、他のレストランとは全く違うおもてなしを体験できるのかもしれません。
　今日は日本企業の佐藤氏に接待され、海外から初めて日本にお越しのアメリカ系企業のCEOであるArnold様が、鉄板焼「匠（たくみ）」のカウンターにいらっしゃいました。このレストランでは、コースの始めに食材を"炎"の中でグリルするという粋な演出により、お客様に「ワクワク、ドキドキ」を体感してもらいます。
　担当マネージャーのTonyこと谷口さんは、この接待席の担当です。さて、どのようなおもてなしが始まるのでしょうか。
　Ladies and gentlemen, welcome to Takumi!

お客様との距離感を近づける

佐藤：予約した佐藤です。

Tony：佐藤様、「匠」にご来店いただき、ありがとうございます。初めまして、私、Tonyこと谷口と申します。何かお申し付けの際は、Tonyでどうぞお気軽にお呼び下さい。
私の個人的な興味で恐縮なのですが、お客様はどちらの国からお越しになったのですか？

Arnold：オーストラリアから来たんですよ。
Tony：そうなんですね。本日は最高級和牛をお出しいたしますので、オーストラリアビーフとの違いをお楽しみいただけます。
佐藤：お～楽しみですね！
Tony：ええ！それでは、始めさせていただけますでしょうか？
当店は、ヘルシー、ビューティ、フレッシュというコンセプトのもとサービスを提供しております。それにもう一つ当レストランでは、調味料として「エキサイティング」も加えております。

Sato: I made a reservation under my name Sato.

Tony: Thank you for coming to Takumi, Mr. Sato. *Nice to meet you. I am Taniguchi, also known as Tony here. Please call me Tony, if you need anything.*
I'm sorry, but out of curiosity, may I ask where you come from?

Arnold: I'm from Australia.
Tony: I see. Today, we're going to serve the highest grade of Japanese beef. So you can enjoy the difference from Australian beef.
Sato: Wow, I'm looking forward to it.
Tony: Sure! Shall we start?
Our restaurant provides service based on our concepts of health, beauty, and freshness. On top of that, our restaurant offers excitement in the form of flavors.

Yuko's おもてなしポイント 1

「ようこそ～」と言った後にすぐ説明に入らない！自分の自己紹介から始めましょう！

「当レストランにようこそ」Thank you for coming to our restaurant. というフレーズはどこでも聞きますよね。そのあとに、通常であればすぐ本日のおすすめやメニューの説明が始まると思うのです。しかし！それでは、お客様との関係が深まるどころか、またのご来店も期待できないでしょう。ここで、まずご自身の自己紹介から始めてみましょう！谷口さんは、このように言っていますね。
「初めまして、私、Tonyこと谷口と申します。何かお申し付けの際は、Tonyでどうぞお気軽にお呼び下さい」
Nice to meet you. I am Taniguchi, also known as Tony here. Please call me Tony, if you need anything.

皆さんは、ご自身のニックネームはありますか？

Key3　Hope　接待客を興奮させるエキサイティング体験

Yuko's おもてなしポイント ②

スモールトークでお客様との距離感を近づける！

「ようこそ〜」の後にすぐにメニューの説明に入らない方がよいと先程説明しましたが、メニューの説明の前に少しお客様との会話を楽しんではいかがでしょうか？お客様のことが分かりますし、お食事をしている際にも出身地やお好みが分かると、様々な場面で段取りができます。

Tonyさんは、次のように聞いています。

「私の個人的な興味で恐縮なのですが、ちなみにお客様はどちらの国からお越しになったのですか？」

I'm sorry, but out of curiosity, may I ask where you come from?

out of curiosity は、「好奇心から」という意味から派生して、「ちょっとお聞きしたいのですが」という意味でも使われるようになりました。便利な言葉なので、みなさん使ってみて下さい！出身国の他に、日本での滞在中どこに行かれるか聞いてみるのも、会話が弾むいいきっかけになることでしょう！例えば、

「日本にいる間は、どこに行かれる予定ですか？」

Where are you planning to go during your stay in Japan?

と聞いてみてはいかがでしょうか？

すると、お客様は、「どちらがおすすめですか？」Where would you recommend? とお尋ねになるでしょう。

そんなとき、「私でしたら、歴史的名所にご興味があるようでしたら、明治神宮がおすすめです」***If you're interested in historical spots, I would say you must visit Meiji Jingu, a Shinto Shrine.***

（おすすめ観光スポットについては、第Ⅲ部「ガイド編」P187 参照）

このように、とっさにお答えできるように観光名所は把握しておきましょう。

Yuko's おもてなしポイント ③

お店のコンセプトを伝えることで、お客様に事前にどんなお店かを知ってもらう

〈接待をする方〉

外国人のクライアントを接待される方は、何料理のお店なのかリサーチをして、先方の方に宗教や食文化の違いで食べられないものがないか、事前にメールや電話で確認しておきましょう！

接待をする際は、事前に相手の好みを聞いておくのが礼儀ですが、接待するお客様にお店のコンセプトも事前に教えておくと、接待される側もどんなお店なのかワクワクしますよね。ホテルエクセレント東京ベイでは、「ヘルシー」「ビューティ」「フレッシュ」をコンセプトに、さらに「エキサイティング」が加わっているようです。「当店は、ヘルシー、ビューティ、フレッシュというコンセプトのもとサービスを提供しております。それにもう一つ当レストランでは、調味料として『エキサイティング』も加えております」

Our restaurant provides service based on our concepts of health, beauty, and freshness. On top of that, our restaurant offers excitement in the form of flavors.
その内容についてはこの後のストーリーで詳しく解説していますので、お楽しみに！ Stay tuned!

一番のおすすめを提示する

Tony： まず、乾杯のお飲み物は何になさいますか？当店では、ビューティエナジーカクテルをお薦めしております。ノンカフェインで、瀬戸内産のみかんやはちみつレモネードを使用しており、夏にぴったりです。どなたでもノンカフェインのお飲み物はうれしいかと思います。小豆島産のオリーブサイダーは、少しでもラグジュアリーな気分になっていただけるように、シャンパングラスでご提供しております。是非お客様にお楽しみいただきたいです！

Tony: What would you like to drink for a toast? *We recommend the beauty energy-cocktail.*
It has no caffeine and we use oranges or honey lemons harvested from the Setouchi area. These match summer perfectly. I assume everyone would love a caffeine-free drink.
We also serve olive cider from Shodo Island, in a champagne glass, so that you can enjoy even a little bit of a luxurious feeling. I hope you'll enjoy it!

Yuko's おもてなしポイント 4

乾杯のお飲み物はお客様に聞くのではなく、何がおすすめかを先に提示する／聞く

〈飲食店にお勤めの方〉
レストランに入られたお客様に、お飲み物を何にするのか聞くことが多々あると思います。しかし、お客様は決まっていないことが多いのではないでしょうか？そんなときに、一番のおすすめをレストランにお勤めの人は、お客様に提示するべきでしょう。ここでは、
「当店では、ビューティエナジーカクテルをおすすめしております」
We recommend the beauty energy-cocktail.
のように具体的に商品をご紹介しています。
他にも、「夏限定のゆずモヒートがおすすめです」
We recommend a yuzu mojito, served exclusively in summer.
といった具合に売り出し対象品を前面に出しましょう！
〈接待をする方〉
逆にレストランに本日のおすすめを聞いてみるとよいでしょう！
「本日は何がおすすめですか？」
What would you recommend for today?
「こちらのお店のおすすめは何ですか？」
What is your house specialty?

ワクワク、ドキドキ

佐藤：じゃあ、そのサイダーを乾杯にいただこうかな。それと、食事はヘルシー鉄板特別コースにするよ。

Tony：かしこまりました。では、料理長のタイガーこと田口仁から本日のお料理のご説明をいたします。

田口：初めまして、タイガーこと料理長の田口でございます。ご遠慮なくタイガーとお呼び下さい。本日は、お客様を人生で今までに見たことのないエキサイティングな世界にお連れしたいと思います。私どもの食の旅をお楽しみ下さい！
何かお嫌いな食べ物やアレルギーのある食べ物はございますか？

Arnold：僕は、特にないです。

佐藤：しいて言えば、ししとうが苦手です。

Tiger：かしこまりました。

Sato: Then, we'll have the cider to toast with. And for our meal, I'd like to order the special, healthy grilled course.

Tony: Certainly. Our master chef Jin Taguchi, called Tiger, will explain today's menu to you.

Tiger: *It's my pleasure to meet you.* I am Jin Taguchi. Everyone calls me Tiger. So, please don't hesitate to call me Tiger. *Today, I will take you to an exciting world that you have never seen in your life.* Have a nice journey through our dishes.
Do you have anything you don't like or are you allergic to any food?

Arnold: Nothing special.

Sato: Well, if I must say, I don't like shishito, long green-peppers.

Tiger: Certainly.

Yuko's おもてなしポイント 5

田口料理長は、前述のおもてなしポイントである自己紹介とスモールトークを実践されていますね。
「初めまして」という表現もお決まりの Nice to meet you. でなくて、*It's my pleasure to meet you.*（お会いできて光栄です）という表現になっていました。他にも *I am pleased / glad to meet you.* といった表現もありますね。

Yuko's おもてなしポイント 6

お客様がお食事する前からワクワク、ドキドキを想像させる

〈接客をする方へ〉
皆さん、飲食店で席に着くなりいきなり「本日は、お客様を人生で今までに見たことのないエキサイティングな世界にお連れしたいと思います」

Today, I will take you to an exciting world that you have never seen in your life.

ということを言われたら、何が始まるんだろうとぞくぞくしますよね？お客様をワクワク、ドキドキさせましょう！

〈接待をする方へ〉
鉄板焼き屋さんにクライアントをお連れする際、「今からびっくりするようなパフォーマンスが始まりますよ」

They are going to show us a very astonishing performance.

と言ってあげると、クライアントも何が始まるんだろうとワクワク、ドキドキしますよ！

トマトは赤くなればなるほど

Tony: こちらが小豆島産のサイダーでございます。

Arnold and 佐藤: それでは、我々のビジネスの成功を願ってかんぱーい！

Tiger: まず、ファーストディッシュは、アミューズブッシュです。トマトを匠の魔法でフランベして、さらにトマトの甘味を引き出します。トマトは熱を通すことで、皆さんのお腹の調子を整え、新陳代謝を良くします。昔からトマトが赤くなればなるほど、医者が青くなる（仕事がなくなる）と言われているのはご存知ですか？

Arnold: そうなんだ。日本には、そんな言い伝えがあるんだね。勉強になるな！

Tiger: もともとはヨーロッパのことわざと聞いています。

Tony: Here is the cider from Shodo Island.

Arnold & Sato: Cheers, wishing for success in our business!

Tiger: Our first dish is called amuse bouche. *I am going to cast a Takumi's spell on tomatoes to bring out their sweetness. Heated tomatoes condition your stomach and improve your metabolism.* Do you know there is an old saying that *the more red tomatoes become, the more pale doctors become? That's because they lose their jobs.*

Arnold: Humm, is that so? I didn't know there was such an old saying in Japan. That's good to know!

Tiger: I heard that was originated from the European proverb.

Key3　Hope　接待客を興奮させるエキサイティング体験

Yuko's おもてなしポイント 7

エッジの効いたさりげないジョークを言う

〈接客をする方へ〉
海外の方はジョークが大好きです。場の雰囲気を和ますためにも気の利いたジョークを言えるようになるといいでしょう。田口料理長は、
「トマトを匠の魔法でフランベして、さらにトマトの甘味を引き出します」
I am going to cast a Takumi's spell on tomatoes to bring out their sweetness.
といった具合に、フランベを魔法にたとえています。おしゃれな言い方ですよね。外国人を楽しませるだけでなく、自分たちもこうした表現を使うことで楽しみましょう！ここで「魔法をかける」という表現を覚えておきましょう！
cast a spell on~ 「～に魔法をかける」

Yuko's おもてなしポイント 8

食材の効能をお伝えする

〈接客をする方へ〉
ここでは「トマトは熱を通すことで、皆さんのお腹の調子を整え、新陳代謝を良くします」と田口料理長は言っています。
Heated tomatoes condition your stomach and improve your metabolism.
食材を食べるときに、食材のこうした効能を聞いたら、健康にいいならもっと日頃から摂取しなくてはという気分になりますね！特に、海外の方には日本特有の食材の効能を教えてあげられると喜ばれるでしょう！
田口料理長は、このトマトにまつわる面白い言い伝えもご紹介しています。
「昔からトマトが赤くなればなるほど、医者は青くなる（仕事がなくなる）」
...the more red tomatoes become, the more pale doctors become. That's because they lose their jobs.
このような食材に関する情報を、シェフや接客業に携わる方は普段から仕入れておくと良いでしょう。

アミューズブッシュ

佐藤：オレンジのリキュールでフランベしていますよ！

Arnold：わーこれはすごい！トマトが炎に包まれているのなんて見たことない。

Tiger：お越し下さったお客様に感動と驚きで「ワォ！」とさせるのが、私どもの企業理念なんです。

佐藤：それはいいことを聞いたな。早く食べたいな。次のお料理も早く見たいな。

Sato: He's flambéing tomatoes in orange liqueur.

Arnold: *Wow, this is really exciting! I have never seen tomatoes engulfed in flames.*

Tiger: Our company's philosophy is to amuse our customers through inspiration and surprise.

Sato: That's good to hear. *I want to try it soon. I can't wait to see the next dish.*

Yuko's おもてなしポイント ⑨

今までにないものでエキサイティングな体験をしてもらうことで、忘れられない思い出作りのお手伝いをする

このシーンでは田口料理長がトマトをフランベするという珍しい技をお客様に見せています。最初のお料理はアミューズブッシュと言われ、シェフの技をお客様に見せる大事な場面なのです。お客様に目の前で感動と驚きを体感していただくことで会話が弾み、一つのお料理から付加価値が生まれます。これは、塚田社長のブライダル事業からの信念。結婚式は一生に一度のもの。だからこそ、ホテルエクセレント東京ベイでは初めてのお客様を「ワォ！」と感嘆させることに重きを置いているのです。

そんな粋な計らいが施されているからこそ、Arnoldさんは、
「わーこれはすごい！トマトが炎に包まれているのなんて見たことない」
Wow, this is really exciting! I have never seen tomatoes engulfed in flames.
と興奮を隠せません。

佐藤さんも「早く食べたいな。次のお料理も早く見たいな」
I want to try it soon. I can't wait to see the next dish.
と早くも田口料理長の技のファンになったようですね。

Key3　Hope　接待客を興奮させるエキサイティング体験

えびの寓話

Tiger：お次はロブスターのグリル、トマトとゆずのクリームソースでございます。お焼きする前に、生のロブスターをお見せいたしますね。

Tiger：えびはひげが長く、腰が曲がっているので、昔から長生きの象徴なんですよ。また目が出ているので、縁起がいいとも言われているんです。

Tiger: The next dish is grilled lobster with a tomato and yuzu cream emulsion. *Before I grill them, I will show you the live lobsters.*

Tiger: *Lobsters have long whiskers and curved backs. Because of that, it's been said for a long time that they are the symbols of longevity.* Moreover, their eyes bulge out too, so it's also been said that they bring good luck.

Yuko's おもてなしポイント 10
お客様に視覚・聴覚・嗅覚で楽しんでいただく

〈接客をする方へ〉
田口料理長は調理をする前に、
「お焼きする前に、生のロブスターをお見せいたしますね」
Before I grill them, I will show you the live lobsters.
とロブスターを実際にお客様にお見せしています。そこで新鮮さを目の前で体感していただくわけです。こういったパフォーマンスは、接待の際、海外のお客様にとっても、またとない機会になるでしょう。

Yuko's おもてなしポイント 11
日本の伝統的な言い伝えを会話に混ぜる

〈接待・接客をする方へ〉
田口料理長は「えびはひげが長く、腰が曲がっているので、昔から長生きの象徴なんですよ」と、言い伝えを用いています。
Lobsters have long whiskers and curved backs. Because of that, it's been said for a long time that they are the symbols of longevity.
こうした日本古来の言い伝えは外国人のお客様にとっては新鮮でしょうから、接待のときにも重宝するでしょう。皆さんも食材に関する言い伝えを調べて、外国人のお客様に積極的に披露していきましょう。

アワビの逸話

Tiger：次は、ミネラル豊富な活アワビの塩釜焼き、わかめと青海苔のソースでございます。青海苔のソースが海の香りをたくさん含んでいるので海の中にいるような感覚になれますよ。北海道の海のミ

Tiger: The next dish is salt-encrusted, baked, live abalone, which is rich in minerals. It is served with a velvety seaweed sauce. *This sauce has full of the scent of the sea, so you will feel like*

ネラルが凝縮されたアワビをお楽しみ下さい。
ちなみに、アワビは古くから長寿の生き物と言われているのをご存知ですか？100年生きられるそうです。

Arnold : へぇ、初めて聞いたよ。このアワビは何歳くらいなのかな？
Tiger : おそらく7歳くらいかと思います。
Arnold : ん〜本当に磯の香りがして海が目の前にあるようだ！

you are right in the middle of the ocean.
I hope you'll enjoy the abalone from Hokkaido, which is full of minerals.
By the way, did you know that from long ago, abalone have been said to be creatures that live long lives? They can live for 100 years.

Arnold: Wow, I've never heard that. About how old is this abalone?
Tiger: I think it is around seven years old.
Arnold: Humm. This really smells like the ocean. I feel like the ocean is right in front of me.

Yuko's おもてなしポイント 12
お食事をお口にする前に、お口に入れたらどんな世界を味わえるかを想像し、食欲がかき立てられるような豊かな表現で刺激を誘う

田口料理長がここでは、「青海苔のソースが海の香りをたくさん含んでいるので海の中にいるような感覚になれますよ」と言っています。

This sauce has full of the scent of the sea, so you will feel like you are right in the middle of the ocean.

お口にアワビを入れた途端、潮の香りに誘われ、海に行ったかのような気分になれると思うと、食べる前からワクワクドキドキするわけです。ここでも初めてのお客様を「ワォ！」と言わせる工夫が見られます。

Yuko's おもてなしポイント 13
お客様に食材のウンチクを語ることでコミュニケーションを多く取るように心がける

ここでは、アワビが長寿の生き物だと田口料理長が説明をしています。「ちなみに、アワビは古くから長寿の生き物と言われているのをご存知ですか？100年生きられるそうです」

By the way, did you know that from long ago, abalone have been said to be creatures that live long lives? They can live for 100 years.

〈接客をする方へ〉
このように日本の食材であるアワビのウンチクを聞けるのは、外国人のお客様にとってはうれしいことなので、日頃から日本の食材のいろいろなエピソードを用意しておくといいでしょう。この場面では、お客様は実際にこれからいただくアワビの年齢を尋ねられていますね。皆さんは、自分が口にする食材の年齢なんて考えたことはありますか？

Key3 Hope 接待客を興奮させるエキサイティング体験

お肉の前のアドバイス

Tiger：お次は本日の厳選焼き野菜でございます。
マレーシア産のゆりの花のつぼみと台湾産のマコモダケ、熊本県産のぼっちゃんかぼちゃでございます。
この次のお料理がメインディッシュの特選神戸牛サーロインで、手作りビューティ付けジュレです。お肉をいただく前にお野菜を同じ量食べることをおすすめします。なぜか分かりますか？消化が良くなるからです。（食材をお皿に乗せて、お客様にお見せする）

Arnold：私たちの国にはゆりの花のつぼみはないし、こんな小さいカボチャも見たことないな。とってもかわいらしいね。

Tiger: The next dish is carefully selected, grilled vegetables of the day.
There are buds of lily from Malaysia, makomo mushrooms from Taiwan, and bocchan pumpkin from Kumamoto Prefecture.
Next, you are going to have our main dish, specially selected sirloin of Kobe beef with home-made beauty gelée. ***We recommend that you eat the same amount of vegetables as you do of beef before you eat beef. Do you know why? It helps your stomach to digest smoothly.***
（placing the vegetables on the plate and showing the customers）

Arnold: In our country, we don't have buds of lily and I've never seen such a small pumpkin before. It's so cute.

Yuko's おもてなしポイント 14
体にいい食べ方をご提案

ここでも田口料理長は【Yuko's おもてなしポイント 8】であった食材の効能をお客様に伝えています。「お肉をいただく前にお野菜を同じ量食べることをおすすめします。なぜか分かりますか？消化が良くなるからです」
接待をするビジネスパーソンの方も、会食の席で、接待を受ける方に、
We recommend that you eat the same amount of vegetables as you do of beef before you eat beef. Do you know why? It helps your stomach to digest smoothly.
とアドバイスをされるとお客様の体を配慮した良いアドバイスとなります。
スープやお野菜をしっかり食べてからメインのお肉などに移ると、翌日の胃もたれもしにくいのです。食べる順番を気にしながら、メニューのご注文をなさると、海外のクライアントの方もお喜びになるでしょうね！

2種類のご飯

Tiger：それでは、本日のクライマックスでメインのお料理ですが、和牛を代表する神戸牛のサーロインステーキでございます。こちらはビューティジュレを付けてお召し上がり下さい。また、ローズマ

Tiger: Today's pièce-de-résistance is the main dish, sirloin of Kobe beef, the highest grade of Japanese beef. Please eat it with the home-made beauty gelée. Also, we have three kinds of salts from

リー風味、プレーン、唐辛子風味の３種類のキプロス産のお塩もご用意しております。お肉をお好きな味でご賞味下さい。この後に、「匠」特製ガーリックライスとカリカリ梅入りしらすと大葉の炒めご飯もご提供いたしますので、是非２種類のご飯の食べ比べをして、どちらの味も楽しんでみて下さい。お味噌汁とお漬物も後ほどお出しします。

Arnold：トム・クルーズも大好きなあの神戸牛か〜楽しみだな！ご飯が２種類用意されて食べ比べができるなんて、そんなお店には行ったことがないよ。気にいったよ。

Cyprus: rosemary, natural, and chili pepper. So please enjoy the beef with whichever flavors you like.

After that, we will serve two types of rice: Takumi's special garlic fried rice, plus fried rice with beefsteak plant leaf; dried whitebait; and crunchy, pickled-plum. I hope you'll enjoy both, comparing the two. After that, we'll serve miso soup and Japanese pickles.

Arnold: Oh, I've heard that Tom Cruise also loves Kobe beef. I can't wait to eat it! Also, *I've never been to a restaurant where I can try and compare two kinds of rice at the same time. I love the idea.*

Yuko's おもてなしポイント 15

今までにないもので、付加価値を創出する

お客様は、「ご飯が２種類用意されて食べ比べができるなんて、そんなお店には行ったことがないよ。気にいったよ」と大変喜ばれています。

I've never been to a restaurant where I can try and compare two kinds of rice at the same time. I love the idea.

お客様に、今までに体験したことがないであろうことを体験していただく。これこそが、お料理の付加価値につながります。例えば、今回のように２種類のお料理を同時にお出しする、あるいはお料理の見せ方を既存の枠にとらわれない盛りつけ方にするなどして、お料理に付加価値を付けてみましょう。あるレストランでは、試験管にスープが入っていたり、ステーキが土に似せたお料理から顔を見せるといった、驚くような演出をしています。すると、お客様はこのお店に来れば、今までに見たことのないことを体験させてくれる思い、リピートカスタマーになって下さることでしょう。

※参考文献：林田正光著『リッツ・カールトンで学んだ　仕事でいちばん大事なこと』（あさ出版）

Professional Eye
【ブランド牛と格付け条件について】

和牛や日本のブランド牛など、牛肉が目当てで日本の旅行をされている外国人観光客も増えてきています。神戸牛をはじめとしたブランド牛と、格付け条件についてふれておきます。

神戸牛
神戸牛ももとをたどれば、但馬牛ということになります。実は神戸牛というのは俗称で、正式には神戸肉、または「神戸ビーフ」という言い方をします。神戸牛は兵庫県産で、定められた食肉市場で処理されたAあるいはB4以上の規格のものを指します。

松阪牛
三重県の中央部を流れている出雲川から宮川にかけての地域で肥育された子供を産んでいない雌牛のことを松阪牛と呼びます。

米沢牛
米沢牛は明治時代、山形県米沢市に滞在していたイギリス人教師が米沢牛の美味しさに感動したことから、たちまち評判が広まったと言われています。定められた畜産農家で12ヶ月以上肥育され、枝肉に証明印が押された見た目と肉質・脂肪が優れているものが米沢牛と呼ばれます。

近江牛
近江牛は、すき焼きで食べるのが定番ではないでしょうか。近江牛は400年も前から飼育されており、古くから高級品として上流階級の人々の食卓にのぼっていたと言われています。今も宮内庁御用達の牛肉として扱われています。三大牛の一つとしても知られています。

飛騨牛
岐阜県内で14ヶ月以上肥育された黒毛和種で、日本食肉格付協会が実施する枝肉格付で肉質等級A・Bで5等級、4等級、3等級のものを飛騨牛と呼びます。昭和60年代以降に牛肉ブランドとして確定しました。

牛肉の等級、格付けについて
「脂肪交雑」、「肉の色沢」、「肉のしまりときめ」、「脂肪の色沢と質」の4項目について評価が行われます。そして4項目の総合的な判定から最終的に肉質等級が決定します。

※参考文献：別冊 Discover Japan『ニッポンの和牛』（エイ出版社）

人生で体験したことのないもの

Arnold：いや〜どれもおいしかったな。特にトマトのフランベは見事だったし、人生初の神戸牛も素晴らしかった！

Tiger：そういっていただけて私も光栄です。最後の一品はデザートです。「ニューヨークラウンジ」にご移動いただいて、出来立てをお出しします。瀬戸内香るフルーツパラダイスでございます。

佐藤：食事の最後に、口直しに新鮮なフルーツとこのクリームが口の中で溶け合って、今日の食事に最高のフィナーレだね！

Tony：本日のコース料理はいかがでしたでしょうか？

Arnold：どれも工夫がなされていて、人生で体験したことのないものをたくさんさせていただいたよ。本当にありがとう。また日本に来た際は絶対にここに来るよ。日本食の奥深さを知るいい機会になった。

Arnold: Every dish was excellent. Especially, the flamed tomato was fabulous and the Kobe beef, which I ate for the first time, was magnificent!

Tiger: I am so flattered to hear such words. The last dish is dessert. After you move to the "New York Lounge," we'll serve you a freshly made dessert. It's named Fruit Paradise, which has the scent of the Setouchi area in Japan.

Sato: At the end of the meal, these fresh fruits that freshen my palate, melt together in my mouth with this cream. This is a wonderful finish to today's meal!

Tony: How was today's course?

Arnold: *Every dish was elaborately created. I was able to experience a lot of things which I have never had in my life. Thank you so much. When we visit Japan next time, we promise to come here again.* It was such a nice opportunity to learn about the true depth of Japanese cuisine.

Yuko's おもてなしポイント 16

感動を生み出すことでお客様との信頼関係を深める

最後のシーンでは、Arnoldさんは感動をなさっていました。
「どれも工夫がなされていて、人生で体験したことのないものをたくさんさせていただいたよ。本当にありがとう」

Every dish was elaborately created. I was able to experience a lot of things which I have never had in my life. Thank you so much.

やはりこの「感動を生む」ことこそがお客様との今後の信頼関係のきっかけとなり、Arnoldさんのように、
「また日本に来た際は絶対にここに来るよ」

When we visit Japan next time, we promise to come here again.

とリピーターになっていただけるわけです。

ホテルエクセレント東京ベイの塚田社長は、ブライダルビジネスで学んだ、「いかに初めてのお客様をワクワク、ドキドキさせるか」ということを徹底して追求してきたからこそ、このようなサービスができるのでしょう。ホテル経営においても、ブライダルと同様「食事の質（ハード）」＋「感動（ソフト）」これらを限られた時間でどれだけ演出できるかが、再度お客様としてお越しになってくれるかの、最大のカギになると思います。そして、この感動体験にスタッフの方のきめ細かいおもてなしが加われば、それはお客様の心に深く刻まれ、リピーターになっていただけることでしょう。もっと言えば、お客様はお料理に感動するだけではなく、サーブするホテルマンや料理長がいるからこそ、そのお店に来てくれるようになるわけです。物によるサービスは劣化しますが、心によるおもてなしは記憶に残り、劣化することはないでしょう。

Key4　Heartful
スタッフも涙した銀婚式

舞台：ファインダイニング ラ・プロヴァンス

　皆さん、「心のこもったサービス」と聞くとどんなことをイメージしますか？
　「心のこもったサービス」とは、「心くばり」であり、「気くばり」ではありません。
では、「心くばり」と「気くばり」の違いは何でしょうか？
　「気くばり」は間違いや失敗のないように、細かいところまで、注意を行き届かせること。
　「心くばり」は相手の心情を十分に考慮したり、予測される事態に対し、万全の対処をすること。この二つの圧倒的な違いは、そこにお客様に対する「愛」があるかどうかなのです。※
　本日は、アメリカから東京へのご旅行でJackとTracyのご夫婦がフレンチレストラン「ラ・プロヴァンス」にお食事にお越しになりました。どうやら、お越しになったご夫婦は何か記念のお祝い事があるようです。
　「ラ・プロヴァンス」には、普段なかなか言えないことをデザートに添えるメッセージプレートというロマンチックなサービスがあります。これは、コミュニケーション・アート・デザートと呼ばれ、今回は旦那様からご予約時にオンラインでメッセージプレートのご要望が入っておりました。さぁ、今回このご夫婦のテーブル担当は統括マネージャーの神田さんです。さて、どのようなHeartful Service（心のこもったサービス）が始まるのでしょうか？
　Welcome to the heartful Omotenashi World!

※ P63 の引用文献：林田正光著『リッツ・カールトンで学んだ 仕事でいちばん大事なこと』（あさ出版）P46

Mr. River

神田：本日はフレンチレストラン「ラ・プロヴァンス」にようこそお越し下さいました。私、本日ご担当させていただきますマネージャーの神田と申します。東京には神田川という有名な川がありまして、神田川にちなんだ曲もあります。ですから、職場の仲間から Mr. River と呼ばれています。お申し付けの際は、是非 Mr. River とお呼び下さい。

Jack：神田川か。どんな曲か聞いてみたいな。僕はまだ神田には行ったことがないから楽しみだな。

Tracy：あなたのニックネームを聞くと、私は「ムーンリーバー」という曲を思い出すわ、Mr. River さん。
ムーンリバー〜タ〜ラララ。

Kanda: Thank you very much for coming to our French restaurant La Provence. My name is Kanda, the manager of this restaurant. I'll be serving you today. *In Tokyo, we have a famous river called the Kanda River. There is also a song named after this river. That's why my co-workers call me Mr. River. So, please feel free to call me Mr. River, if you need anything.*

Jack: Kanda River. I would like to hear what that song sounds like. Since I have never been there, I am looking forward to visiting Kanda.

Tracy: Your nickname reminds me of the song "Moon River," Mr. River.
Moon river~tu ru ru ru ~

Yuko's おもてなしポイント 1

外国人の方が発音しやすい、または覚えていただきやすいニックネームを一つ持ちましょう！

これはサービス業に従事している方だけでなく、ビジネスパーソンの方が初めて名刺交換する際、神田さんのように **Mr. River** というと、海外のクライアントの方とのアイスブレイクトーク（打ち解けるきっかけ話）になるので、友好関係を築くうえで、便利です。

お客様への問いかけ

神田：それでは乾杯酒にシャンパンをご用意させていただきます。

本日のためにご予約いただきましたコースの説明をさせていただきます。まず一皿目が、アミューズブッシュと言われるもので、お客様をマジックのように驚かすために作られた一皿なんです。ラビオリの中にお野菜やヤギのチーズが入っております。ラビオリを包んでいるこのナプキンは何の形に見えますか？

Tracy：何かのお花かしら？

神田：実はアーティチョークなんですよ。

Tracy：バラに包まれている贈り物みたいでかわいい。

神田：ありがとうございます。お飲み物ですが、2品目の前菜には、シャサーニュモンラッシェプルミエクリュが合うかと思います。

Tracy：そうね、あなたがそうおっしゃるなら、それをいただくわ。

Kanda: Let me serve a glass of champagne for toasting.

Let me explain about the course that you ordered for today. The first dish is called amuse bouche. It is a dish made to surprise our guests like magic. It's vegetables and goat cheese stuffed in ravioli. ***What do you think the shape of the napkin wrapped around these raviolis?***

Tracy: Something like a flower?

Kanda: Actually, it's an artichoke.

Tracy: It looks so pretty, like a gift wrapped in a rose.

Kanda: Thank you. As for drinks, I must say, Chassagne-Montrachet ler Cru really matches the second dish.

Tracy: Well, if you say so, then we'll have it.

Yuko's おもてなしポイント 2

お客様にお料理の見た目や食材のご意見をうかがうことで、コミュニケーションを増やす

ここで神田さんは、「ラビオリを包んでいるこのナプキンは何の形に見えますか？」とお客様に問いかけをしています。

What do you think the shape of the napkin wrapped around these raviolis?

私たちは、少しでも多くコミュニケーションをとった相手に信頼を寄せる傾向があるので、お客様を理解するために積極的に会話をしましょう。

〈接待への応用〉
接待の際も、積極的にお客様の好きな日本ならではの食材を聞いてみましょう。
例えば、「日本の食材でお好きなものはありますか？」
Do you have any Japanese food ingedients that you like?
「納豆／梅干しはお好きですか？」
Do you like natto/pickled plum?

パレット・アート・オードブル

神田：２品目は、私どもが商標登録を取っておりますパレット・アート・オードブルでございます。私どものシェフがフィンセント・ヴァン・ゴッホに感化され、ゴッホが愛したプロヴァンスに行き、考えついた一品です。このパレット・アート・オードブルは、ゴッホの絵のように色とりどりのお野菜や前菜を絵具に見立てて盛り付けております。

皆さまは、７つの味覚をお楽しみいただけます。まず、自然のうまみのビーツ、辛味の金糸うり、酸味のトマト、苦みのゴーヤ、滋味の真鯛、うまみのテリーヌ、最後が自然のえぐ味の水ナスでございます。

Tracy：わ〜本当にパレットみたいだわ。とても美しい盛り付けね。まるで画家になった気分だわ。７つの味が一度に楽しめるなんて最高ね。

Kanda: The next dish is called palette art hors-d'oeuvre, for which we have the registered trademark. *Our chef was inspired by Vincent van Gogh and went to Provence, which Van Gogh loved, and came up with this dish. Like the paintings of Van Gogh, our chef created this palette by arranging colorful vegetables and hors-d'oeuvres as a paint.*

You can enjoy seven different flavors. First, a natural taste through the beet; a spicy taste through the spaghetti squash; a sour taste through the tomatoes; a bitter taste through the bitter melon; an exquisite taste through the red sea bream; a flavorful, natural taste through the terrine; and in the last one, a natural, bitter taste through the water eggplant.

Tracy: *Wow, it really looks like a palette. It's a stunningly beautiful presentation. I feel like I became an artist.* It's brilliant that we can enjoy seven different tastes at one time.

Yuko's おもてなしポイント 3

お客様の心をくすぐるお料理のご説明で、まずはハートをキャッチ！

神田さんは、次のようにお客様の子供心がよみがえるような説明をしています。
「私どものシェフがフィンセント・ヴァン・ゴッホに感化され、ゴッホが愛したプロヴァンスに行き、考えついた一品です。このパレット・アート・オードブルは、ゴッホの絵のように色とりどりのお野菜や前菜を絵具に見立てて盛り付けております」

Our chef was inspired by Vincent van Gogh and went to Provence, which Van Gogh loved, and came up with this dish. Like the paintings of Van Gogh, our chef created this palette by arranging colorful vegetables and hors-d'oeuvres as a paint.

普通に「お野菜を少ないポーションでいろいろ楽しめるように盛り付けてあります」と言うより、画家のパレットをイメージしていますと言われた方が、心が沸き立ちますよね。すると、お客様も感動して下さいました。
「わ〜本当にパレットみたいだわ。とても美しい盛り付けね。まるで画家になった気分だわ」

Wow, it really looks like a palette. It's a stunningly beautiful presentation. I feel like I became an artist.

Key4　Heartful　スタッフも涙した銀婚式

世界の味を旅する

神田：次のお皿は、信玄鶏胸肉のサラダでございます。山梨県産の信玄鶏をスモークし、イタリア産のゴルゴンゾーラチーズを使用しております。
この一皿で世界の食の旅をお楽しみ下さい！特に、チーズのしょっぱさといちじくの甘味のマリアージュは最高ですよ！

Jack：この一皿で世界の味を旅できるなんて最高だね。確かに、しょっぱさと甘さが絶妙なハーモニーを醸し出しているね。

Kanda: The next dish is suprême de poulet fumée en salade. We smoked shingen chicken from Yamanashi Prefecture and used gorgonzola cheese from Italy.
I hope you'll enjoy a food journey around the world through just this one plate! Especially, the marriage of the saltiness of the cheese with the sweetness of the fig is awesome!

Jack: It's wonderful that we can take a food journey and taste the world all in one plate. As you said, the saltiness and sweetness create a perfect match.

Yuko's おもてなしポイント 4

食を通して、お客様に世界を旅した気分を味わっていただく

5つ星ホテルのレストランでは、日本全国、世界各国から食材を取り寄せています。ですから、食材の原産国に行かなくとも、その国の食べ物が食べられるわけです。

〈接客をされる方へ〉
神田さんのように「この一皿で世界の食の旅をお楽しみ下さい！」
I hope you'll enjoy a food journey around the world through just this one plate!
と言っていただくと、お客様は "food journey" という言葉にワクワクされるでしょう。

〈接待をする方へ〉
「これから出される一皿が、あなたを世界の食の旅に連れて行ってくれますよ」
The plate that is going to be served to you will take you on a food journey around the world.
などと言うと、クライアントもどんな食の旅なのかな？と興奮することでしょう。

お客様からのおほめの言葉

神田：お次は、オマールのグリル、アメリケーヌソース仕立てでございます。お口に入れると甲殻類の甘味が広がる逸品でございます。

Jack：オマールエビはアメリカでもよく食べるけど、こんなに甘いえびは初めて食べたな。

神田：そう言っていただけて光栄です。付け合わせは、しいたけのステーキしんじょう仕立てと金時人参のピューレでございます。

Tracy：しいたけの中に入っているのはエビの練り物かしら？これは伝統的な日本料理かしら？

神田：そうですね。えびしんじょうという料理です。伝統的な日本料理の一種です。

Kanda: The next dish is homard grille sauce americaine. It's truly perfection on a plate, because once you put the lobster in your mouth, the sweet taste of the crustacean will flow in your mouth.

Jack: Actually, I often eat lobster back in the States, but this is the first time that I have ever eaten such a sweet lobster.

Kanda: *I am so flattered to hear that.* For side dishes, you have grilled mushroom with fried shrimp in it and puree of Japanese red kintoki carrot.

Tracy: Is the filling in the mushroom made from ground shrimp? Is it a traditional Japanese dish?

Kanda: Yes it is. It's called ebishinjo, or deep-fried rounds of ground shrimp. It is one of traditional Japanese cuisines.

Yuko's おもてなしポイント 5

お客様からおほめの言葉をいただいたときは、素直に感謝の気持ちを表現する

神田さんは、
「オマールエビはアメリカでもよく食べるけど、こんなに甘いえびは初めて食べたな」
Actually, I often eat lobster back in the States, but this is the first time that I have ever eaten such a sweet lobster.
と言われ、「そう言っていただけて光栄です」と謙虚にうれしさを表現しています。
I am so flattered to hear that.

お客様からおほめの言葉をいただいた場合に備え、いくつか表現をご紹介しましょう。
「そう言っていただけて光栄です」
It's my pleasure to hear that.
It's a great honor to hear that.
I am delighted to hear that.

日本ならではの備長炭焼き

神田：次は、お口直しの河内晩柑のグラニテです。お口の中をさっぱりさせ、今までのお料理から次のメインのお肉までの架け橋となってくれますよ。

Tracy：グラニテが口の中をお掃除してくれるようにすっきりさせてくれるわね。

神田：晩柑はいわば日本のグレープフルーツと呼ばれているんですよ。

Tracy：私たちが普段食べているグレープフルーツより身がしっかり詰まっていて甘いわね。

神田：メインは、島根県産の黒毛和牛フィレ肉の備長炭焼き、トリュフムースリーヌです。備長炭焼きは、日本ならではの焼き方で、お口の中でお肉のエキスをお楽しみいただけます。

Jack：確かに。

神田：和牛は海外でもブランド牛として知られていますが、お味はいかがですか？

Tracy：ええ、とってもおいしいわ。繊細な味をしているわね。

Kanda: Next is a granité de pamplemousse, or Bankan, as a palate cleanser. The dish freshens up your mouth and is a bridge between the previous dishes and the next main dish.

Tracy: This granité feels like it cleans up your mouth, refreshing it.

Kanda: **Bankan is what we call Japanese grapefruit.**

Tracy: It's different from the grapefruit that we usually have. The inside of the Bankan is more dense and sweeter than ours.

Kanda: The main dish is filet de boeuf "shimane" grille au charbon with mousseline de truffe. *Grilling with bincho charcoal is a traditional way of cooking and you can enjoy the juice from the meat in your mouth.*

Jack: That's true.

Kanda: *Wagyu has become famous as a brand of beef in foreign countries. How do you like the taste?*

Tracy: Very nice. It has got a delicate taste.

Yuko's おもてなしポイント 6

日本ならではの食材や調理法などをお客様に知っていただく

〈日本食のご紹介〉
ここで神田さんは、
「晩柑はいわば日本のグレープフルーツと呼ばれているんですよ」
Bankan is what we call Japanese grapefruit. と、河内晩柑を日本のグレープフルーツとしてご紹介しています。

〈日本ならではの調理法のご紹介〉
その他にも、
「備長炭焼きは、日本ならではの焼き方で、お口の中でお肉のエキスをお楽しみいただけます」
Grilling with bincho charcoal is a traditional way of cooking and you can enjoy the juice from the meat in your mouth.
と、日本の古くからの調理法を伝授しています。海外の方にとっては備長炭でお肉を焼くとこんなにも香ばしく、ジューシーになるんだと感動してもらえると思います。他にも炭火やいろりで焼くこともあるので、シチュエーションに合わせていろいろと提示するのもいいでしょう。

Yuko's おもてなしポイント 7

お客様にお味の感想を確かめる

神田さんは、
「和牛は海外でもブランド牛として知られていますが、お味はいかがですか？」
Wagyu has become famous as a brand of beef in foreign countries. How do you like the taste?
と聞いていますね。お味を聞く際の表現をいくつか紹介しましょう。
「お味はいかがですか？」 How do you like the taste?
「お口に合いますか？」 Is the taste OK for you?

Professional Eye
【料理が運ばれてくるタイミング】

コース料理では、どのようなタイミングでお料理が運ばれてくると思いますか。「ラ・プロヴァンス」では、常にお客様に出来立てを食べていただけるように、お客様のタイミングを見はからっております。仮に5分間の離席があれば、提供前のお料理をお作り直すこともあります。お料理の提供は、言葉ではないコミュニケーションといえます。
トイレや用件を先に済ませておかれるのが、スマートなテーブルマナーです。

君は僕の宝もの

神田：本日は2種類のデザートをご用意しております。1つ目は、アヴァン・デセールでございます。紅茶のゼリーに桃の香りがついております。そして、2つ目は、お二人様にとって、特にトレーシーさんにとって、とても特別なものをご用意させていただきました。ご結婚25周年おめでとうございます！（全てのスタッフがご夫妻のテーブルに来て、おめでとうございます！と言う）
旦那様のリクエストにより、特別なデザートをお作りいたしました。日本のぶどうの巨峰を使ったクレームダンジュです。

Tracy：（デザートの上にのっている小さなメッセージプレートに感動し、瞳に涙をためている。そこには次のように書かれていた。「君は僕の宝ものだ。ずっと宝石のように輝いていてくれ」）

Jack：トレーシー、愛しているよ。これから先もずっと。僕の愛情と気持ちは結婚して以来ずっと変わらないよ。僕の妻でいてくれてありがとう（スタッフがドーム型ふたの付いているシルバートレーを持って来た。スタッフがふたを開けると、そこには白いリボンで包まれたティファニーブルーのボックスが入っていた）。結婚するとき、お金がなくてちゃんとし

Kanda: Today, we have prepared two kinds of desserts. The first one is called avant dessert. It's a combination of tea flavored jelly with a peach scent. And for the second one, we have arranged something that is very special for the both of you, especially for Tracy. Congratulations on your 25th wedding anniversary! (All the staff come to their table and say *"Congratulations!"*)
We made a special dessert per your husband's request. It's a crème d'anjou using "kyoho," which are a type of Japanese grape.

Tracy: (Her eyes fill with tears as she looks at a small message plaque sitting on top of the dessert, which says ***"You are a gem for me. Shine like a gem forever."***)

Jack: Tracy, I love you and I always will. My affections and feelings have not changed since we got married. Thank you for being my wife. (The staff brought a silver tray covered with a dome-shaped lid. When they took off the lid, inside there was a Tiffany-blue box wrapped in a white ribbon.) I am deeply sorry that I couldn't afford to buy you a decent one

たものを買えなくてすまなかった。だからこそ、今こうして改めて贈りたい。結婚25周年の記念の指輪だよ。
（箱から指輪を取り出した）
もう一度僕と結婚してくれるかい？

Tracy： ええ、何回でも「はい」と言うわ。お礼を言わなければいけないのは私の方よ。あなたは、素晴らしい夫よ。健やかなる時も病める時も、いつも私のことを気遣ってくれたわ。あなたには感謝しなければならないことがたくさんあるわ。
（スタッフは皆涙していた）
神田： 写真撮影をしてはいかがでしょうか？この瞬間をお写真がさらに忘れられない思い出としてくれることでしょう。後ほどお渡しいたします。
Tracy： 是非お願い。どう感謝の気持ちを表したらいいか分からないわ。今日のこの日がどれほど私にとって大切な意味を持つのか、皆さんに伝わらないかもしれないけど、こんなに幸せなのは、もう二度と経験できないかもしれないわね。

when we got married. So, now I would like to give this to you. This is our 25th-anniversary ring for you.
 (He took the ring out of the box.)
Will you marry me again?

Tracy: Yes. A thousand times, yes. I should be the one who has to express the gratitude. You've been such a wonderful husband taking care of me for better or worse. There are a lot of things I should thank for you.
（All the staff are crying.）
Kanda: *May I offer to take a picture? The photo will make this moment even more unforgettable. I will give it to you later.*

Tracy: Please do so. I don't know how to thank you. You have no idea how much this is meant to me. (Cited from the movie "Mrs. Palfrey at the Claremont") ＊

I would be never this happy again. (Cited from the movie "The Best Exotic Marigold Hotel") ＊

Key4　Heartful　スタッフも涙した銀婚式

Yuko's おもてなしポイント ⑧

**お客様に思いを重ね、「感動」をどう生み出せるかに基づき行動する。
これこそが Heartful Service!**

今回のご夫婦のように、結婚25周年というのはとても大事な節目です。こんな場合、スタッフは想像力を働かせて、どのようにしたらお客様に感動を生み出し、忘れられない思い出を作り出せるかという演出を考えなければなりません。
神田さんは、「旦那様のリクエストにより、特別なデザートをお作りいたしました」
We made a special dessert per your husband's request.
と、旦那様が奥様のことを思ってご依頼されたことをお伝えし、メッセージプレートに「君は僕の宝ものだ。ずっと宝石のように輝いていてくれ」
You are a gem for me. Shine like a gem forever.
と書き添えています。さらに、スタッフ全員でお二人の結婚25周年を「おめでとうございます！」**Congratulations!** とおもてなしすることで、さらに二人の気持ちを盛り立てます。それだけにとどまらず、スタッフがドーム型のカバーのついたシルバートレーを持ってきました。そこには白いリボンで包まれたブルーのボックスが。そう、TiffanyのBoxです。Jackさんがもう一度プロポーズするための粋な演出です。その幸せな瞬間を収めるために、神田さんは写真撮影の提案をします。
「写真撮影をしてはいかがでしょうか？この瞬間をお写真がさらに忘れられない思い出としてくれることでしょう。後ほどお渡しいたします」
May I offer to take a picture? The photo will make this moment even more unforgettable. I will give it to you later.

こうしたスタッフの心のこもったサービスは、「心くばり」なのです。
お客様と同じ視点で、お客様と同じ思いを重ね合わせるよう、ホテルエクセレント東京ベイではスタッフ教育が徹底されています。今回のメッセージプレートや2度目のプロポーズの演出のようにお客様が特別な日を迎えるとき、「どのように心の満足を提供できるか」が最も問われる時代になってきているのだと思います。

スタッフはお金のためにもてなすのではない。それは、心から湧き出てくるものなのです。
"Staff shouldn't do that for money. That comes from the Heart."
（映画「For Love or Money」からの引用）＊

        セリフ引用映画（P73, 74）
        ＊「Mrs. Palfrey at the Claremont」（邦題「クレアモントホテル」）
        ＊「The Best Exotic Marigold Hotel」（邦題「マリーゴールド・ホテルで会いましょう」）
        ＊「For Love or Money」（邦題「バラ色の選択」）

Key5　Hero & Heroine
ライブ感が生み出す新たな価値の創造
舞台：シェフズ ライブ キッチン

　お客様がホテルのレストランを利用する目的は多岐にわたります。ブッフェであれば、お腹いっぱい食べたい仲間同士でいらっしゃる方もいれば、ビジネスの接待でご利用なさる方もいらっしゃるでしょう。お客様それぞれに様々な思いでホテルのレストランにいらっしゃると思うのですが、ホテルという舞台をご利用なさる理由として最も人気が高いのは、記念日のお祝いです。その日1日だけは「自分が主役」になって、みんなにお祝いをしてもらえる。主役を引き立てる舞台として、高級感のある、日常からは離れた異空間の「ホテル」をご利用してお祝いをするのは、今も昔も変わらず夢のある演出だと思うのです。

　「お祝いなどの特別な機会にホテルを利用したい」とホテルに憧れている方やホテルを普段からこよなく愛するホテル愛好家が、必ず通る道は、ホテル内のブッフェレストランでのお食事ではないでしょうか？皆さんも幼い頃にご家族と一緒にホテルのブッフェレストランに一緒に行かれて、お腹いっぱいになり幸せな気分になったご記憶はありませんか？ブッフェレストランのいいところは、好きな物を好きな量だけ食べられるという点にあります。また、季節によってメニューも変わり、期間限定のメニューなども多いので、毎月行ったとしても飽きることはありません。

　さて、そんなホテル愛好家の一員である植村一家は、毎年二人のお子様のお誕生日にブッフェレストラン「シェフズ ライブ キッチン」でお祝いをしていました。今晩、お嬢様の美雪さんが25歳のお誕生日を迎えられます。毎年恒例のお誕生日会もこれで5回目。美雪さんは今晩重大な発表があるようです。シェフズ ライブ キッチンのマネージャー Mr. Entertainer こと西村さんや佃料理長はどんなおもてなしを繰り広げてくれるのでしょうか？
Welcome to the heroic Omotenashi world!

ブッフェの前の温かいスープ

西村: 植村様、ようこそシェフズ ライブ キッチンへ。今年は記念すべき5回目のご来店、まことにありがとうございます。毎年8月14日のこの日は、私どもスタッフ全員が植村様ご一家のお祝いをお手伝いできることを、楽しみにしているんですよ。

植村: 私も、そういっていただけるととてもうれしく思うよ。子供たちはシェフズ ライブ キッチンのお料理が大好きで、実は毎年の誕生日会以外でも友人らと来ているらしいんだ。

西村: そのようですね。毎年お誕生会を私どものレストランで開いていただいているので、私どもも、お嬢様の美雪様や息子様の優斗くんの成長を植村様と同じように感じております。

植村: そうだね〜二人とも最初にこちらに来たのは20歳のときだったが、今日言われてみて気づいたけど、5回目なのか。大きくなったもんだよ。

佃: 本日は美雪様、お誕生日おめでとうございます。いつの間にか大きくなられましたね〜。私どもスタッフ一同、美雪様のお誕生日をお祝いするのを毎年心待ちにしているんです。それでは、さっそくですが始めさせていただけますでしょうか？こちらは、ファーストディッシュでございます。ブッフェの前にいつもお出ししている、胃の調子をよくする温かいスープでございます。

今年は、美雪様が25歳のお誕生日ということで、美雪様が小さい頃は苦手でしたが、食べられるようになったことを思い出しながら人参のスープをお作りしました。

Nishimura: Mr. Uemura, welcome to Chef's Live Kitchen. I'd like to extend my gratitude to you for coming here for your fifth memorial anniversary. We all look forward to helping your family celebration on August 14th of every year.

Uemura: I'm so pleased to hear that, too. My children really love dishes of Chef's Live Kitchen. As a matter of fact, they come here with their friends even on days other than birthdays.

Nishimura: That's right. Since your family holds a birthday party here every year, I feel the same way you do about your Miyuki and Yuto's growth.

Uemura: Well, they were both 20 when they first came here. I didn't realize until you mentioned that this was our fifth time to come here. I must admit, they've grown up.

Tsukuda: Miyuki, congratulations on your birthday today. You have grown up before we even knew it. All of the staff members have been looking forward to celebrating your birthday every year. ***Now, may I begin? Here's the first dish. This is the soup we usually offer to prepare your stomach for the buffet that follows.***

This year will be your 25th birthday. Therefore, we made carrot soup recalling the day you couldn't eat carrots, but now you can.

Yuko's おもてなしポイント ①

お料理が体に与える効果をきちんと説明する

こちらのシェフズ ライブ キッチンでは、ブッフェの前にいつも温かいスープをお出ししているようです。佃料理長は、スープを最初にお持ちしました。温かいスープを最初に飲むことで胃の調子を整えるということを説明しています。

「それでは、さっそくですが始めさせていただけますでしょうか？こちらは、ファーストディッシュでございます。ブッフェの前にいつもお出ししている、胃の調子をよくする温かいスープでございます」

Now, may I begin? Here's the first dish. This is the soup we usually offer to prepare your stomach for the buffet that follows.

飲食店にお勤めの方は、ご自分のお店が胃の調子を整えるお料理、美肌になるお料理や血液をサラサラにする食材が入っているお料理をお出しする際は、食材がもつ効果をきちんとお客様にお伝えするとよいでしょう。その説明により、お客様は新たな知識を得て、より健康に意識を向けるようになります。体にいいお料理を出すレストランであれば、人気店になること間違いなしです。

天然の化粧水

佃: 是非、熱いうちにお召し上がり下さい。人参にはビタミンAが入っていて、肌の角質化を防ぎ潤いを与えてくれるので、お肌にとてもいいんです。「天然の化粧水」とも言われているんですよ。

美雪: 佃さん、毎年ためになる情報を教えていただいてありがとう。勉強になるわ。「天然の化粧水」なんて言われているの、知らなかった。25歳を過ぎたらお肌も曲がり角っていうし、食べ物にも気をつけなくちゃ。それに、私ダイエットもしてお肌もきれいに保たないといけない理由がもう一つあるの。今日はみんなに紹介したい人がいるの。ジャスティン入ってきて！

Justin: 初めまして、ジャスティン・バークレーです。今日は突然このような家族だけのイベントに押しかけるような形になってしまい、まことに申し訳ないです。

Tsukuda: *Please try this while it's hot. Carrots contain vitamin A which prevents calluses and provides moisture. That's why it's very good for your skin. It's also called a "natural skin lotion."*

Miyuki: Mr. Tsukuda, thank you so much for the useful information you give me every year. That's a good lesson for me. I didn't know carrots were called a "natural skin lotion." You know when you are over 25, your skin will start to change, so you'll need to pay more attention to what you eat. On top of that, there's one more reason why I should lose some weight and maintain my beautiful skin. Today, I'd like to introduce someone to all of you. Come in, Justin!

Justin: Nice to meet you. I'm Justin Barkley. I deeply apologize for coming uninvited to such a family event.

植村：美雪、これはどういうことなんだ？
美雪：彼とはクルーズパーティーで知り合ったの。実は彼船長さんで、船長室の見学をさせてもらったのがきっかけで知り合って、付き合うようになったの。彼が、婚約者のジャスティンよ。実は2日前に「結婚してくれませんか」ってプロポーズされたの。だから、今日は私の誕生日だから、ちょうどいい機会だし、みんなに紹介しようと思ったってわけ。
優斗：わぁ、姉さん、おめでとう！

Uemura: Miyuki, what's this all about?
Miyuki: We met on a cruise party. To tell you the truth, he was the captain and we got to know each other when I went to the captain's room during a tour of the ship. That's how we began to go out. This is my fiancé, Justin. Actually, two days ago, he asked me to marry him. So, I thought introducing him today would be a good idea, since it's my birthday.
Yuto: Wow, my dear sister, congratulations!

Yuko's おもてなしポイント 2

温かいお料理は冷めないうちにいただいてもらう

佃料理長は人参のスープを「是非、熱いうちにお召し上がり下さい」とお客様にアドバイスをしています。

Please try this while it's hot.

これは、ブッフェ料理をいただく前に体を温めてから胃の調子を整え、お好きなお料理をいただくと消化がしやすくなるからですね。また、佃料理長は【Yuko's おもてなしポイント 1】にあるようなお料理が持つ効果を説明していますね。

「人参にはビタミンAが入っていて、肌の角質化を防ぎ潤いを与えてくれるので、お肌にとてもいいんです。『天然の化粧水』とも言われているんですよ」

Carrots contain vitamin A which prevents calluses and provides moisture. That's why it's very good for your skin. It's also called a "natural skin lotion."

こうした情報は、聞き手にとっては、目からうろこの情報となるでしょう。

日頃のご愛顧に感謝して

植村：そういうことなら何でもっと早く言わなかったんだ。
冬子（妻）：まぁ落ち着いて。おめでたいお話じゃないの、あなた。
優斗：そうだよ、父さん！今日は姉さんの記念すべき25歳の誕生日と婚約をダブルでお祝いをしなくちゃ！
植村：そうだな。美雪もそういう年頃になったということか。25歳のお誕生日、そして、婚約おめでとう！
美雪：みんな、ありがとう！
西村：皆様、私どもから、毎年8月14日のこの日をご愛顧いただいている感謝の印として、ワクワクするようなシャンパンのサービスをさせていただきます。今回はさらに、シャンパンの中にラズベリーとクランベリーを追加させていただきました。それは、美雪様が毎年、この成熟していく果実のように成長なさっているからです。本日はダブルの意味で主役ということもあり、格別にお美しいです。美雪様の美しさに魅了され、このラズベリーたちの赤色のように、私どもの表情も紅葉いたしております。小さな果実がシャンパンの泡の中でクルクルと回る様子は、ずっと見ていても飽きないと思います。この果実のように皆様ご家族が元気に、永遠に幸せに暮らせることを願っております。

美雪：わぁ〜すごい！ずぅ〜とクルクル回ってるわ。
優斗：回っている果実を見ていると、お酒もまわってくる、な〜んてね。

植村：ハハハハハ、優斗うまいな〜。
一家全員：ハハハハハハハ！

Uemura: If so, why didn't you mention this sooner?
Fuyuko (wife): Calm down, dear. This is happy news for us.
Yuto: That's right, Dad! We should be celebrating both her 25th birthday and her engagement.
Uemura: Well, I guess you're old enough to get married, Miyuki. Congratulations on your 25th birthday, and your engagement.
Miyuki: Thank you, everyone!
Nishimura: *Ladies and gentlemen, we are pleased to offer you an exciting champagne service as a token of our gratitude to our valued customers who have joined us every year on August 14.* This year we've added raspberries and cranberries to the champagne. Each year, Miyuki is becoming more mature like these berries. Today, you're the heroine for two reasons, and that makes you even more beautiful. Our faces are also turning red like the color of these raspberries, fascinated by your beauty. I imagine you'll never get tired of watching the way small berries whirl around in the bubbles of champagne. We sincerely hope your family members will be as active and happy as the whirling fruit.
Miyuki: Wow, that's fantastic! They're really whirling around and around.
Yuto: If you keep looking at the whirling fruit, the liquor just might start you whirling, too.
Uemura: Ha ha, that's a good one, Yuto.
The whole family: Ha ha ha!

Yuko's おもてなしポイント 3

日頃ご愛顧していただいているお客様に感謝の気持ちを表す

定期的に来て下さる、ご愛顧して下さるお客様がいらっしゃるということは、サービス業に従事する方にとっては、非常にありがたいことです。そんな日頃の感謝の気持ちを言葉で表現するのはとても大事なことなのです。

でも、感謝の気持ちをどう英語で表現していいか分からないという方は多いのではないでしょうか？そんな方に是非西村さんの表現を覚えていただききたいと思います。

「皆さま、私どもから、毎年8月14日のこの日をご愛顧いただいている感謝の印として、ワクワクするようなシャンパンのサービスをさせていただきます」

Ladies and gentlemen, we are pleased to offer you an exciting champagne service as a token of our gratitude to our valued customers who have joined us every year on August 14.

特に、*We are pleased to offer you~as a token of our gratitude.*（感謝の印として〜をさせていただきます）という表現は、是非覚えていただきたいです。

今回シェフズ ライブ キッチンでは、サービスでご用意したシャンパンの中にラズベリーとクランベリーをさらに追加するという、特別なサービスしています。お客様ご愛顧のキャンペーン期間中、お店によってはドリンクを1杯無料サービスにしたり、いつもより大盛りにするなどの気を利かせると、お客様とより長いお付き合いができると思います。

〈お客様へのサービス・感謝にまつわる表現を覚えておきましょう！〉
We would like you to accept this drink and food service *in appreciation of your patronage.*
（日頃のご愛顧の感謝として、こちら［飲み物やお通しなど］をお受け取り下さい）

4つの仕切りがあるお皿

西村：皆様、お腹もすいたと思いますので、ブッフェをどうぞお楽しみ下さいませ。

Justin：わ～すごいサラダの種類ですね！どれもとてもおいしそうだけど、実は僕、完全菜食主義者なんです。サラダがこんなにたくさんあるのはうれしいのですが、鶏肉や卵が入っていると、倫理的な理由で食べられないのです。

西村：承知いたしました。では、我らがヒーローの佃が黄金の手で菜食主義者の方に人気のお料理を生み出しますので、楽しみにお待ち下さいね。

美雪：わーお母さん、これ見て！ピンクのスープ。ビーツを使っているみたい。それに豆乳を使ったパスタだって。お肌に良さそうね。色合いもきれいでいて、体にもいいなんて、ほ～んとシェフズライブ最高！

植村：美雪もお母さんもすごい色とりどりのお料理をたくさん取っているね～。

冬子：あなた、サラダを4つの仕切りに全部入れているわね。

西村：私どもホテルエクセレント東京ベイの全レストランのコンセプトは、「ヘルシー」「ビューティ」「フレッシュ」ですから、お野菜の料理の種類は常に豊富にしています。そして、このサラダのために、私どもが長い時間をかけて考案したのがこのお皿なんです。なぜお皿に4つの仕切りがあるか分かりますか？ホテルのブッフェに行くと、平たいお皿が山積みになっていることがよくあるかと思います。しかし、私どものホテルは、コース料理のように1つ1つのお料理を楽しんでいただけるよう、また、見た目と味わいを同時に楽しんでいただけるよう、このお皿を作る際に工夫しました。

Nishimura: I guess you're all quite hungry now. Please enjoy our buffet.

Justin: Wow, what a variety of salads! All of them look delicious, but to be honest, I'm a vegan. I appreciate that you have such a variety of salads, but if they contain any chicken or eggs, I can't eat them for ethical reasons.

Nishimura: Certainly. In that case, our hero, Mr. Tsukuda, will use his golden touch to create some dishes that are quite popular with vegetarians. I hope you'll look forward to them as you wait.

Miyuki: Wow, mother, look at this. This is pink soup! It's made from beets. They also have a pasta made from soy milk, which seems good for our skin. The dishes are so beautifully colored and good for our health at the same time. Chef's Live Kitchen is wonderful!

Uemura: Well, Miyuki, you and your mother have plenty of colorful dishes.

Fuyuko: You've put salad in all four partitions, dear.

Nishimura: All of the restaurants in the Hotel Excellent Tokyo Bay have the same concept "Health" "Beauty" "Freshness," and so we always serve a variety of vegetable dishes. That's the very reason why we have spent much time creating the plate especially for salads. *Do you know why there are four partitions on the plates? When you go to a buffet style restaurant in hotels, you often see flat plates piled up like a mountain. However, we made efforts in creating this plate so that our guests can enjoy each dish like a course entrée and appreciate the appearance and taste at the same time.*

仕切りのない平たいお皿にサラダや他のお料理を盛ると、ドレッシングやソースが他の料理と混ざって味が変わってしまった経験がおありかと思います。しかし、それとは対照的に、私どものお皿ですと、4つの仕切りにより、味が混ざるのを防ぐことができるんです。

植村：そうだったんだ〜。些細なことにもすごい気を配っているんだね。やっぱりホテルエクセレントは EXCELLENT だ!!
美雪：お父さん、久しぶりにジョークが英語になってる（笑）。

You must have experienced that when salads and other foods are placed on flat dishes that don't have partitions, dressings and sauces get all mixed up with other foods and the flavors change. However, in contrast to that, our plate, because of its four partitions, can prevent different tastes from mixing with each other.

Uemura: I had no idea about that. You really pay attention to the small details. I knew the Hotel Excellent was "EXCELLENT."
Miyuki: Dad, you haven't cracked a joke in a while, but now you're joking in English. (laughing)

Yuko's おもてなしポイント 4

お客様の利便性を考慮して独自に考案したアイディアを知っていただく

ブッフェレストランでは、お料理の横に平らなお皿が山積みになっているのをよく見かけると思うのですが、シェフズ ライブ キッチンでは、お皿に4つの仕切りがあるようです。これは、お客様に1つ1つのお料理の味が混ざらないように考慮した企業努力の賜物と言えるでしょう。

この企業努力は、お客様に口頭でお伝えしなければただ置いてあるだけのお皿になってしまうので、西村さんはきちんとご説明をしています。「なぜお皿に4つの仕切りがあるか分かりますか？ホテルのブッフェに行くと、平たいお皿が山積みになっていることがよくあるかと思います。しかし、私どものホテルは、コース料理のように1つ1つのお料理を楽しんでいただけるよう、また、見た目と味わいを同時に楽しんでいただけるよう、このお皿を作る際に工夫しました」

Do you know why there are four partitions on the plates? When you go to a buffet style restaurant in hotels, you often see flat plates piled up like a mountain. However, we made efforts in creating this plate so that our guests can enjoy each dish like a course entrée and appreciate the appearance and taste at the same time.

お客様のために工夫している点がサービスの中に一つでもあるならば、それを店員さんがお客様に口頭で伝えるのも企業努力の一つになると思います。例えば、海外の飲食店にはおしぼりがありませんが、日本の飲食店にはほぼ全てのお店にあります。これは、室町時代に水がない場所でも手を清潔に保つために考案された文化なのです。

こうした日本ならではのおもてなしを海外に方に広めていただきたいと思います。是非お客様に、日本ならではのおもてなしや自社が独自に工夫している点を知ってもらいましょう。

菜食主義者にやさしいベジ寿司

西村：佃料理長が特別にお客様のために即興でお料理を作っているのですが、ご覧になりますか？
Justin：ええ是非お願いします。
西村：では、こちらへどうぞ。
（植村一家、寿司コーナーに移動）

佃：お客様が完全菜食主義者ということなので、ベジタリアンの方にご好評の「ベジ寿司」を今からお作りします。
Justin：ベジ寿司！日本の伝統的なお寿司に生の魚じゃなくて、野菜を使うなんて聞いたことないよ。楽しみだな〜！

佃：これはアスパラガスのお寿司、それに、レンコンの煮物のお寿司、ふきのとうのお寿司、人参のお漬物のお寿司、最後はまつたけのお寿司です。
美雪：わー、いいな〜。ベジタリアンじゃなくても絶対に食べたいわね。これなら太らないわ。

植村：お母さんと美雪はベジ寿司よりはカロリーがあるものばかり取ってるね。

美雪：いいのよ、今日は年に1回のお腹いっぱい食べていい日なんだから。それに私は明日から、ウエディングドレスを着るためにダイエットするんだから。そういえば、お父さんはシェフズ ライブ キッチンに来ると、いつもサラダばっかり食べているわね。ベジタリアン同士、Justinと気が合うんじゃないかしら。

Nishimura: *Mr. Tsukuda, our master chef, is now cooking up some dishes especially for you. Would you like to have a look?*
Justin: I'd love to.
Nishimura: Please come this way.
(All family members move to the sushi corner.)

Tsukuda: *I heard that you were vegan, so now I'm going to cook "Veggie Sushi." It's quite popular among vegetarians.*
Justin: Veggie sushi! I've never heard of Japanese traditional sushi with vegetables instead of raw fish on top. Sounds exciting!
Tsukuda: This is asparagus sushi, simmered lotus sushi, butterbur sprout sushi, pickled carrot sushi and the last one is matsutake mushroom sushi.
Miyuki: Wow, I envy you. I'm not a vegetarian, but I would definitely love to try it. Veggie sushi wouldn't make me fat.
Uemura: You and your mother are having food with more calories than veggie sushi.
Miyuki: That's no problem because this is the only day of the year I can eat as much as I want. And for your information, I'm going to go on a diet tomorrow in order to wear a wedding dress. And, as for dad, you always eat salad when you come to Chef's Live Kitchen. I think you and Justin could get along well as vegetarians.

Yuko's おもてなしポイント 5

実際にシェフが作っているところを見ていただき、ライブ感を味わっていただく

このシーンでは、西村さんが完全菜食主義者の Barkley 様に、佃料理長がベジタリアン向けのお寿司を作るところを見てもらうように提案しています。
「佃料理長が特別にお客様のために即興でお料理を作っているのですが、ご覧になりますか？」

Mr. Tsukuda, our master chef, is now cooking up some dishes especially for you. Would you like to have a look?

職人さんがお寿司を握る光景は、近年は海外でもだいぶ増えてきましたが、やはり本場の日本の職人さんが握る姿を見られるのは、海外の方にとっては貴重な思い出になるかと思います。ですから、お寿司だけでなく、天ぷら屋さんや牛丼屋さん、和菓子屋さんなどでも、「ご覧になりますか？」
Would you like to see?
と促すとよいでしょう。
メニューやワインリストをご覧になりますか？と聞く際は以下のようにお聞きすると良いでしょう。
「メニュー［ワインリスト］をご覧になりますか？」
Would you care to see the menu [wine list]?

Yuko's おもてなしポイント 6

菜食主義者の方には即興で対応

ホテルに来る海外の方の中には、ベジタリアン、つまり菜食主義者の方も少なくはありません。そのようなお客様のためには、野菜中心のお料理を臨機応変にご用意するのも5つ星ホテルの醍醐味かもしれません。ホテル以外のチェーン店やラーメン屋さんなどでは、動物性タンパク質を抜いてお出ししたり、メニューにはなくても、お野菜で代替えできるお料理を来たるオリンピックに向けて考案するとよいでしょう。
このシーンでは、佃料理長が以前から野菜のお寿司「ベジ寿司」を考案されていたようです。
「お客様が完全菜食主義者ということなので、ベジタリアンの方にご好評の『ベジ寿司』を今からお作りします」と即興でこんな風にさらっと言えると、お店の評価も高まるでしょう！

I heard that you were vegan, so now I'm going to cook "Veggie Sushi." It's quite popular among vegetarians.

Professional Eye
【菜食主義にはさまざまな種類がある】

ベジタリアンと聞くと、野菜しか食べない人のことを指すと思っている方は多いのではないでしょうか？でも、実はベジタリアンは野菜だけを食べる人もいれば、乳製品は摂取する人もおり、千差万別なのです。

ヴィーガン（Vegan）純粋菜食者、完全菜食主義者
倫理的、環境的な理由で乳製品、蜂蜜等も含む動物性の食品を一切摂らず、革、ウール製品、そして娯楽等、食用以外の動物の使用も排除する哲学の人々。

ダイエタリー・ヴィーガン（Dietary Vegan）
ヴィーガンと同様に、植物性食品の食事をするが、食用以外の動物の利用を必ずしも避けようとしない。日本語の菜食主義者のイメージは、むしろダイエタリー・ヴィーガンに近いと思われる。

ピュア・ベジタリアン（Pure Vegetarian）
西洋では主にヴィーガンと同義で使われるが、インド社会においては乳製品は摂るが卵を食べない人々を言う。

オリエンタル・ベジタリアン（Oriental Vegetarian）仏教系の菜食主義者
菜食主義であるが、にんにく、にら、らっきょう、ねぎ（あるいはたまねぎ、浅葱）を摂らない。食用以外の動物の利用を必ずしも避けようとしない。

フルータリアン（Fruitarian）果食主義者、果物常食者
ヴィーガン（Vegan）との違いは、植物を殺さない食品のみを食べること（リンゴの実を収穫してもリンゴの木は死なないが、ニンジンは死んでしまう）。収穫しても植物自体を殺さないという考えに基づいて食物を食べる人々。果物、トマト、ナッツ類等、木に実り植物自体の生命に関わらない部分を食べる。より厳格に熟して落ちた実しか食べない人々もいる。

ラクト・オボ・ベジタリアン（Lacto-ovo-vegetarian）乳卵菜食
乳製品と卵は食べる。

ラクト・ベジタリアン（Lacto-vegetarian）乳菜食者
乳製品は食べる。チーズは乳製品であるが、牛を屠畜して胃を取り出して消化液を集めたレンネット（凝乳酵素）を使用して作成されたものは食べない。

オボ・ベジタリアン（Ovo-vegetarian）卵菜食者
卵は食べる（鳥や魚介類などの違いは問わない）。無精卵に限り摂る人もいる。

※参考文献：庄司いずみ著『作る人のための　ベジタリアン・パーフェクト・ブック』（講談社）

もう一人のヒーロー

Justin：ベジ寿司は見た目が可愛らしい。それに味もどれもしっかりついていて、美味しいよ。僕一人のためにこんな手の込んだことをしてもらえるなんて、おもてなしの精神に感動しました。

西村：そういっていただけて、シェフの佃も喜ぶと思います。

植村：確かに、一人のお客さまのためにここまでしてくれるブッフェレストランはシェフズ以外ないよ。それに、ぼくたちも５年間こちらに通っているけれど、いつもサラダの種類が違っていて、飽きることがないんだ。こんなに長く来ている客が食べ飽きないなんて、すごい企業努力だよ。結婚式を挙げるならこちらのホテルがいいんじゃないか、美雪。

美雪：お父さん、賛成してくれるのね……（涙ぐんでいる）

Justin：お父様、ありがとうございます！僕は一生かけて美雪さんを幸せにすることを誓います。完全菜食主義者の僕でも食べられる料理がこんなにも色鮮やかでおいしいなんて、お父さんの言う通り、こちらのホテルは本当に素晴らしいと思います。是非、結婚式でも佃さんの野菜料理の実演をしていただきたいです。佃さん、お願いできませんか？

佃：是非喜んでお引き受けいたします！お二人ともおめでとうございます。

スタッフ一同：ブラボー！（拍手喝采）

Justin: The veggie sushi looks very pretty, and each sushi has a distinct flavor. Very delicious. I'm really moved by all this hospitality just for me.

Nishimura: I'm sure that will please Mr. Tsukuda.

Uemura: You're right. There's no other buffet style restaurant with this level of service just for one guest. In addition, we've been loyal to this restaurant for five years, but you always have different kinds of salads. That's why we never get bored. It is such a great corporate effort that loyal customers like us never get tired of eating here. Maybe you should have your wedding here at this hotel, Miyuki.

Miyuki: You mean you consent to our marriage? (nearly in tears)

Justin: Sir, thank you so much! I promise I will spend the rest of my life making Miyuki happy. As you said, this hotel is wonderful. I really like colorful and delicious food that even vegans like me can eat. I'd like to ask Mr. Tsukuda to give us a demonstration how to cook a veggie dish at our wedding. Mr. Tsukuda, would you do that for us, please?

Tsukuda: I'd love to. Congratulations to both of you.

Entire staff: Bravo! (cheers and applause)

(1 年後、美雪と Justin の二人の結婚式にて)
スタッフ: みんな、桟橋に近づいてくるあの白い船を見て！外国人の男性がこちらに手を振っていますよ。あれは、もしかして……
西村: Barkley 様じゃないかな。確か、以前船長をなさっておられるとおっしゃっていたし。わぁ〜すごいおでましだ。僕も今まで様々な形でのお客様のおでましを見てきたけど、最高の登場だよ。

(披露宴の始まり)
西村: 植村様、Barkley 様、ご結婚おめでとうございます。美雪様が 20 歳の誕生日の頃からご愛顧いただいているシェフズ ライブ キッチンの伹料理長が、お二人のために野菜のウエディングケーキをお作りしました。皆さまご注目下さい。こちらが「ベジケーキ」でございます。そして、完全菜食主義者の Barkley 様のために「ベジ寿司」を実演で調理しております。皆様、お好きな野菜のネタをお選び下さいませ。

招待客 A: わぁ〜すごいわ、にんじんのケーキですって。なんとも言えない色ね。

招待客 B: 野菜の寿司なんて考えたものだ、ヘルシーでいいな。ほら、結婚式の料理って油っこいのが多いし、食後に胃もたれするのも多いし。あの料理長は、新郎新婦にとっての英雄だな。

(One year later, at Miyuki and Justin's wedding)
Staff: Look, everyone! There's a white ship approaching the pier! A foreign man is waving at us. That must be...

Nishimura: That must be Mr. Barkley. I remember he had mentioned that he was a captain. Wow, he made a grand appearance. I've seen various entrances of guests over the years, but this is the most exciting entrance I've ever seen.

(The wedding begins.)
Nishimura: Ms. Uemura and Mr. Barkley, congratulations on your marriage. Mr. Tsukuda, our master chef at Chef's Live Kitchen, of which Miyuki has been a loyal customer since she was 20, has made a veggie wedding cake for the two of you. Ladies and gentlemen, your attention, please. This is what we call a "Veggie Cake." Also, we're giving a veggie sushi-making demonstration for Mr. Barkley, who is vegan. Ladies and gentlemen, please select your favorite vegetable.

Guest A: *Wow, wonderful.* That must be carrot cake. Even the color is hard to describe.

Guest B: *I like the idea of veggie sushi. It's so healthy.* You know, dishes at wedding receptions are usually greasy and so difficult to digest. *I must say, the master chef is certainly a hero for the bride and groom.*

> ### Yuko's おもてなしポイント 7
>
> **粋なアイディアでお客様をおもてなしするスタッフもまた、
> みんながヒーローでありヒロイン**
>
> 最後のシーンでは、佃料理長が vegan である Barkley 様を考慮して「ベジケーキ」をウエディングケーキとして作っています。これには、お客様も珍しさから驚かれています。
> 「わぁ〜すごいわ」
> *Wow, wonderful.*
> また、他のお客様からは、「ベジ寿司」を作っている実演を見て、ヘルシーでいいという意見が上がりました。
> 「野菜の寿司なんて考えたものだ、ヘルシーでいいな」
> *I like the idea of veggie sushi. It's so healthy.*
> こんな斬新なアイディアを出す料理長は、
> 「あの料理長は、新郎新婦にとっての英雄だな」
> *I must say, the master chef is certainly a hero for the bride and groom.*
> とおほめの言葉をいただきました。結婚式では Barkley 様が hero で、美雪様は heroine ですが、お二人のために斬新なアイディアで結婚式を盛り上げる佃料理長もまた hero なのです。

Key6　Home
ドアマンがひらく希望という心の窓

　ホテルの役割は、お客様によってそれぞれ異なります。ビジネスの商談や打合せでホテルのラウンジをご利用になる方もいらっしゃれば、記念日にホテルのレストランで食事をしてからお部屋に移動するカップルもいらっしゃるでしょう。あるいは、観光やご旅行を目的にご家族で宿泊される、というふうにその用途は様々です。
　いろいろなお客様がいらっしゃるなか、皆さんが外資系の5つ星ホテルでよく見かけるのは、ビジネスで出張に来られた際に、ホテルに宿泊するビジネスマンの方々ではないでしょうか。ホテルは本来、宿泊場所としての役割が大きいですから、まずはお客様にとって疲れを取るための癒やしの場所、言い換えれば自宅のようにくつろげる「第二の我が家」でなければなりません。
　本日、ホテルエクセレント東京ベイにチェックイン予定のWilliam Ford様は、何か悩み事を抱えていらっしゃるようです。ホテルエクセレント東京ベイでは、お客様に「第二の我が家」を感じていただけるよう、ドアマンの林さんが自宅へ招くかのような「家庭的な温かさ」を持ってお客様をお迎えします。
　さて、Ford様のご到着がそろそろのようです。
　Welcome to the Hotel Excellent Tokyo Bay!

会社の倒産の危機

（乗客に機内アナウンスが流れる）

皆さま、当機は羽田空港に予定通り15時10分に到着予定でございます。天候は、快晴。気温は28℃。
現在上空からは、右手に東京ディズニーランドがご覧いただけます。

Williamはアナウンスが流れている間、ずっと考え事をしていた。それは、彼が勤務している会社の行く末である。Williamは貿易会社に勤務している海外の食品買付担当のバイヤーであった。

Williamの会社は、ココナッツオイルをタイから輸入していたのだが、不良食品が見つかり、全ての商品を回収しなければならなくなってしまったのだ。それに伴いリコールの広告を大手新聞3紙に打たなければならず、結果として、リコールのためにかなりの損害が生じた。さらに最悪なことに、今期決算の売り上げが、97％減だと発表したのだ。

Williamは社長の右腕として主力製品の買い付けを行い、過去最高の売上げをたたき出したこともあるが、今回ばかりは若干会社の倒産の危機が頭をよぎっていた。どうすればいいのか。社長の落ち込みを間近で見ていたので、すぐに会社の業績に社長が落胆していることに気が付いた。かつてWilliamが入社した頃のような目の輝きを、社長の孤独な瞳にもう一度見いだしたいと、Williamは切に願っていたのだ。

(The pilot is making an announcement to the passengers.)

Ladies and gentlemen, we are landing at the Haneda Airport at ten past three as scheduled. The weather is fine and the temperature is 28 degree Celsius.
Now, on your right, you can see Tokyo Disneyland.
William was thinking about something while the announcement was being made. That is, the future of the company. He works for a trading company as a buyer in charge of purchasing food items from overseas.

The company William works for has been importing coconut oil from Thailand. However, some defective items were found and the company was forced to recall all the products. The company also had to place advertisements regarding the recall in three major newspapers, and so the company suffered significant damages. Worst still, the company announced that their annual profits would decrease by 97 percent.

William is the buyer of major products as the right-hand arm of the CEO, and he had successfully generated a record-high profits. But now he is facing the possibility that the company would go bankrupt, and he's wondering what he should do. William had always closely observed the company's CEO and immediately noted his disappointment in the company's performance. William desperately wanted to see again the same glimmer the CEO

そこで、日本という市場を選び、日本食の輸入を思いついたのだった。そんなことを考えているうちにアナウンスが流れ始めた。

（アナウンスが流れ始める）

当機は羽田空港に到着いたします。シートベルトをお締め下さい。
William は、ふと本日宿泊するホテルのことを思い出し始めた。ホテルエクセレント東京ベイ。どんなホテルなんだろうかと思いを巡らせていた。

（羽田空港に到着）

had in his lonely eyes when William first joined the company.

That's the very reason why William chose Japan as the next market and decided to import Japanese foods. While he's thinking about such matters, he heard the announcement begin.

(Announcement started.)

We're landing at the Haneda Airport. Please fasten your seatbelts.
William began to remember the hotel where he would be staying that day, the Hotel Excellent Tokyo Bay. He thought about what the hotel would look like.

(The plane lands at the Haneda Airport.)

家族の一員と第二の我が家

William は空港からタクシーでホテルまで向かった。タクシーに乗っている間中、会社をどのように再建していくか、また落ち込む社長を救うにはどうしたらいいのかといったことに思いを巡らせていた。やがて、タクシーはいつの間にかホテルの正面玄関に到着していた。

運転手：お客様、こちらがホテルエクセレント東京ベイでございます。
William：あぁ、ありがとう。じゃあこれでお願いします。（クレジットカードを渡す）
運転手：こちらにサインをお願いします。
William：分かりました。

William was heading to the hotel from the airport by taxi. While he was sitting in a taxi, he became lost in thought about how he can re-establish the company and rescue the CEO from despair. But in a blink, the taxi reached the hotel's entrance.

Driver: Sir, this is the Hotel Excellent Tokyo Bay.
William: Oh, yes. Thank you. Here it is. (handing over his credit card)

Driver: Could you sign here?
William: Sure.

Williamはタクシーから降りるとき、考え事をしていたせいか、ネームタグ付きのジュラルミンケースが手からすり抜けてしまった。

林：Ford様！お怪我はありませんか？
（Williamはドアマンの声がけで、はっと我に返った）
William：大丈夫だよ。でも、どうして僕の名前が分かるんだ？僕、意識が飛んでいたみたいだ。
林：直感で分かるんです。それを聞いて安心しました。お鞄が落ちたときに足に怪我をされたのではないかと思いまして。
林は、Ford様のジュラルミンケースから衝撃で落ちてきた食品サンプルや書類を拾い集め始めた。
William：すまないね。手伝わせてしまって。
林：とんでもないことでございます。私ども、グローバルチェーンの一つとして、海外のお客様に満足をしていただくためのグローバルな基準を満たしながらも、家族のようにお客様をお迎えするホテルを目指しています。ですから、このエントランスをくぐる方一人一人は、私どもの家族の一員だと考えています。
William：そういってもらえると、何だか実家に帰ってきたような温かい気持ちになるな。
林：そうですか。そういっていただけるとうれしいです。それが私どもの企業理念なんです。この理念に基づき、私どもはお客様を第二の我が家としてお迎えします。ホテルエクセレント東京ベイへようこそ！
Ford様、こちらの食べ物は本物のように見えますね。食品関係のお仕事をされていらっしゃるんですか？
William：ええ。うちの会社は商社なんですが、最近業績が不調で、何か日本食か

When he was getting off a taxi, he didn't notice that his name-tagged duralumin case has fallen out of his hands.

Hayashi: **Mr. Ford! Are you hurt?**
（William turned to consciousness thanks to door man's voice.）
William: No. I'm OK. But how do you know my name? I think I was unconscious.

Hayashi: My instinct tells me. I am relieved to hear that, sir. *I was afraid your case might fall on your foot and hurt you.*

Hayashi begins to pick up the food samples and documents that had fallen out of the case on impact.
William: I'm so sorry to have you help me.
Hayashi: No, not at all. *We, as one of global chains, are aiming at becoming a hotel that welcomes guests like a family while we serve them in accordance with global standards in order to satisfy guests coming from overseas. That's why we see every single person who enters this door as a member of our family.*
William: *Gosh, you make me feel like I'm back in my hometown.*

Hayashi: Really? I'm so honored to hear that. *That's our company's ethos. Upon this ethos, we welcome guests as a second home. So, welcome to the Hotel Excellent Tokyo Bay!*

By the way, Mr. Ford, these food samples look so real. Are you in the food industry?

William: Yes. I work for a trading company. However, our performance has been

らヒントを得て、日本ならではの話題の食べ物を輸入しようと思っているんです。
Williamの表情にはどことなく陰りがあった。
そこで、林は、Ford様の表情を察知した後、Ford様のご到着と訪日の目的を即座にフロントデスクに報告した。

shrinking lately. That's the very reason why I came here to find out more about Japanese foods and to import foods that would be popular here.
William's face turned somber.
Hayashi noticed Mr. Ford changed expression and immediately he informed the front desk of Mr. Ford's arrival and the purpose of his visit to Japan.

Yuko's おもてなしポイント 1
お客様が初めにくぐるドアからホテルの企業理念を感じ取っていただく

ホテルエクセレント東京ベイでは、グローバルスタンダードの最低基準は満たしつつも、お客様を家族のようにもてなすホテル運営を目指しているため、以下のようにFord様を温かくお迎えしています。

「私どもは、グローバルチェーンの一つとして、海外のお客様に満足をしていただくためのグローバルな基準を満たしながらも、家族のようにお客様をお迎えするホテルを目指しています。ですから、このエントランスをくぐる方一人一人は、私どもの家族の一員だと考えています」

We, as one of global chains, are aiming at becoming a hotel that welcomes guests like a family while we serve them in accordance with global standards in order to satisfy guests coming from overseas. That's why we see every single person who enters this door as a member of our family.

これをうけてFord様は、次のように感じとっていただけました。
「そういってもらえると、何だか実家に帰ってきたような温かい気持ちになるな」
Gosh, you make me feel like I'm back in my hometown.

林さんはここですかさず、お客様を家族のように迎え入れることが自分たちのホテルの企業理念であることをお伝えします。
「それが私どもの企業理念なんです」
That's our company's ethos.

「企業理念」という言葉はさまざまな言い方があるので、いくつかご紹介いたしましょう。
Corporate Philosophy
例　Our corporate philosophy is to contribute to society through innovation.
（私どもの企業理念は、技術革新を通して、社会に貢献することである）

Corporate Identity〔企業の特色、独自性、個性、イメージ、社風などを統一的に表現するもの。◆【略】CI〕（スペースアルク 英辞郎参照）
例　Our corporate identity is to save the planet by recycling products.
（私どもの企業理念は、商品を再利用して地球を守ることです）

Yuko's おもてなしポイント ❷

第二の我が家としてお客様を迎え入れる

ドアマンの林さんは企業理念をお伝えした後、第二の我が家としてお客様にお迎えの挨拶をします。
「この理念に基づき、私どもはお客様を第二の我が家としてお迎えします。ホテルエクセレント東京ベイへ、ようこそ！」
Upon this ethos, we welcome guests as a second home. So, welcome to the Hotel Excellent Tokyo Bay!
第二の我が家だからこそ、Ford様が手からジュラルミンケースを落とした際、
「Ford様！お怪我はありませんか？」
Mr. Ford! Are you hurt?
と聞いた後に、
「お鞄が落ちたときに足に怪我をされたのではないかと思いまして」
I was afraid your case might fall on your foot and hurt you.
と家族を心配するような語り口調になるのです。

Yuko's おもてなしポイント 3

お客様のふとした表情も見落とさず、スタッフ間で情報を共有し、チームワークで仕事を行う

林さんが、Ford様の名前が分かったのは、直感ではなく、実はジュラルミンケースのネームタグから名前を即座に読み取ったからです。そしてフロントにFord様がご到着されたことをインカムですぐさま報告したのです。また、Ford様と交わした会話の中で、貿易会社に勤務しており、業績が悪化していることや、日本食に最後の望みを賭けたいことなどを聞いていたので、表情に陰りがあったことを見逃さなかったのです。

この際、Ford様が落ち込んでいること、日本食に興味があることをすぐにフロントに報告しました。スタッフ間でこうしたお客様の情報を共有することで、お客様が最も心地よく滞在していただけるように最大限の工夫をほどこします。

さぁ、林さんはどのようにお客様の心のドアをひらくのでしょうか？

一目でお客様を判断する

林は、フロントにFord様が気を落としていることや彼の会社は貿易会社で日本食品の輸入を検討していることを話した。

すると、フロントは、フードライターとして有名な東十条誠様がトークショーのため、まもなくご到着予定だという情報を林に伝えた。そこで、林は、落ち込んでいるFord様に何かできないかと考えていると、壁にかかっているポスターが目に入ってきたのだ。それは、東十条様のトークショーのポスターだった。

突然、林にある名案が浮かんできた。それは、Ford様を東十条様のトークショーにご案内すること。

こうしているうちに見覚えのある車が林の目に入ってきた。

車番は10番。あの白いメルセデスのSLは、そう、東十条様だと、林は確信を持っていた。

Hayashi reported to the front desk that Mr. Ford was feeling down and that now the trading company he works for was considering importing Japanese foods.

The front desk then informed Hayashi that Makoto Higashijujo, a famous food writer, will be arriving soon for his talk show. As Hayashi pondered what he could do to help him out, he saw a poster on the wall. It was a poster advertising Mr. Higashijujo's talk show.

All of a sudden, he gets the greatest idea. That was, an invitation to the talk show.

Just then, a familiar car caught Hayashi's eye.

The car's model number is 10. Hayashi knows the white Mercedes SL belongs to Mr. Higashijujo's.

Yuko's おもてなしポイント ④

一度いらしたお客様は、お名前とお顔を絶対に忘れない

熟練したドアマンというのは、一度来店されたお客様のお顔とお名前を絶対に忘れません。なぜならドアマンは、お客様が最初に言葉を交わすホテルの顔となるので、ドアマンの振る舞いを観察すれば、そのホテルのクオリティが分かるのです。しかし、一日何百人もの人々が出入りするホテルやお店において、一人一人のお客様のお名前とお顔を一致させるのは容易ではありません。ですから、お客様の外見的特徴とお客様の持ち物で自分の記憶に残すのです。

例えばこのシーンであれば、東十条様は、十条にちなんで車番は10番。白いベンツのSLでいつもお越しになるので、ドアマンの林さんは一目で東十条様だと判断できるわけです。「車番は10番。あの白いメルセデスのSLは、そう、東十条様だと、林は確信を持っていた」
The car's model number is 10. Hayashi knows the white Mercedes SL belongs to Mr. Higashijujo's.

車の車番は世の中に一つしか存在しないので車番やお客様の外見的特徴とリンクさせてお客様のお名前を覚えるのが効果的かと思います。例えば、眼鏡をかけていらっしゃる田中聡様というお客様の場合は Mr. Glasses = Mr. Sou Tanaka と記憶しておくのです。
車番で覚える場合もご紹介しましょう。
橋本一郎様はトヨタのクラウンでいつもお越しになります。車番は、一郎にちなんで16です。16 Crown TOYOTA = Mr. Ichirou Hashimoto

Professional Eye
【VIPの来館】

VIP（Very Important person）やIP（Important person）、リピーターが来館される場合、事前にネットなどから顔写真を準備して、スタッフ全員がお名前でお出迎え出来るようにしておきます。最近ではインカムを利用しているホテルが多いので、ファーストコンタクトのドアマンがきっちりと認識できれば、ご到着をインカムで飛ばし、それを受けたベルマンが引き継ぎ、フロントまでお連れし、フロントではお名前をお呼びしてお出迎えいたします。
このように点ではなく線でつながったサービスができるようになっています。
過去にインカムなどという便利な物が無い時代のホテルマンは先輩に怒られながら、VIPやIP、リピーターのお顔を一生懸命おぼえたものです。

ドアマンの機転

林は、Ford 様と会話を話しているところに、運よく常連顧客である東十条様が現れたので、これは神様が与えてくれた幸運だと思った。東十条様は5つ星ホテルを中心として活躍するフードライター。となれば、絶対に今流行っている日本食についても詳しいはず。

ちょうどそのとき、東十条様が、白のメルセデスから降りてきた。

林：東十条様、お待ちしておりました。お久しぶりでございます。今日も一段とお顔の艶がよろしいですが、美味しいものをプレス発表会で召し上がったのですか？

東十条：ああ、さっきバーリントンホテルで夏の名物のプレス発表があったんだ。

Ford 様が東十条様の話に聞き耳を立てているのを、林は見逃さなかった。

Fortunately, Mr. Higashijujo, a loyal customer, showed up as Hayashi was discussing with Mr. Ford. He thought this was a luck given from the God. Mr. Higashijujo is a food writer who mainly works with five-star hotels. Therefore, he must have a thorough knowledge of popular Japanese food.

Just then, Mr. Higashijujo got out of his white Mercedes.

Hayashi: Mr. Higashijujo, we've been expecting you. We haven't seen you for a long time. I have to say, you're looking quite radiant today. You must have eaten some delicious meals at press shows.

Higashijujo: Yes, I just had a press show about a summer specialty dish at the Burlington Hotel.

Hayashi didn't fail to notice that Mr. Ford was eavesdropping on Mr. Higashijujo's

ドアマンは、自分からお客様を他のお客様にご紹介するわけにはいかないので、林はわざと、Ford様が興味を持ちそうな話題を振ったのである。

William：あちらの方は食品業界の方かね？

林：さようでございます。東十条様という非常に有名なフードライターの方でございます。実は、本日彼のトークショーが当ホテルであるので、ご参加されませんか？

William：是非、参加したいな。

そのとき東十条様が、エントランスに落ちていた食品サンプルを拾った。

東十条：本物みたいですね。食品業界の方ですか？

William：ええ、初めまして、William Fordと申します。貿易会社に勤務しておりまして、流行の日本食を輸入するために、日本にやってきました。

東十条：そうでしたか。僕は東十条誠と申します。海外の方には発音しづらい名前かもしれませんが。フードライターという仕事をしております。仕事柄いろいろな食に関するプレス発表の会に行っておりますので、Fordさんのお役に立つ情報をご案内できると思います。

William：本当ですか？なんてついている日なんだ！林さん、素晴らしい方のトークショーを紹介してくれてありがとう！

Williamの人生が傾いたとき、林は希望という名の新たな心のドアをひらいたのだった。

words.

Hayashi, the door man, wasn't in the position to introduce one guest to another, so instead he threw a topic that would attract Mr. Ford's attention.

William: Is that gentleman connected with the food industry?

Hayashi: Yes, sir. *That's Mr. Higashijujo, a pretty famous food writer. Today, we will have his talk show at our hotel. Would you like to join his show?*

William: I would love to.

Just then, Mr. Higashijujo picked up food samples that had fallen down around the entrance.

Higashijujo: These samples look awfully real. Are you in the food industry?

William: Yes, I am. Nice to meet you. I'm William Ford. I'm working for a trading company. I came to Japan in order to import popular Japanese foods.

Higashijujo: I see. My name is Makoto Higashijujo. I guess my name is difficult for foreigners to pronounce. Anyway, I'm a food writer, and I often attend various kinds of press conferences because of my business. I think I can provide you with some useful information.

William: Really? *What a lucky day! Hayashi-san, thank you so much for telling me about the talk show of such a wonderful person!*

Just when William's life didn't go well, Hayashi opened a new door for him and gave him a renewed sense of hope.

Yuko's おもてなしポイント 5

お客様のニーズに合わせて、その時に開催されるイベントや催し物をご紹介する

Ford様は、流行の日本食を輸入することで、会社の経営難を乗り切りたいとお話していました。そこへ、運よくホテルをメインに活躍しているフードライターの東十条様がいらっしゃいました。しかし、ホテルマンが「あちらは東十条様です。ご紹介させていただいてもよろしいですか？」と自らお客様同士を紹介するわけにはいきません。そこでドアマンの林さんは、東十条様のトークショーのことをフロントから聞き、トークショーのポスターを見た瞬間にあること思いつきます。それは、東十条様のトークショーへのご案内です。
「東十条様という非常に有名なフードライターの方でございます。実は、本日彼のトークショーが当ホテルであるので、ご参加されませんか？」

That's Mr. Higashijujo, a pretty famous food writer. Today, we will have his talk show at our hotel. Would you like to join his show?

今回Ford様の来日の一番の目的である、流行の日本食を輸入して、大好きな社長の会社を再建したいという想いに、日本食に詳しい方をご紹介することで、Ford様の希望という心のドアをひらくことができました。

Ford様は、林さんの計らいにとても感動されたようで、「なんてついている日なんだ！林さん、素晴らしい方のトークショーを紹介してくれてありがとう！」と喜びをあらわにされています。

What a lucky day! Hayashi-san, thank you so much for telling me about the talk show of such a wonderful person!

林： そうおっしゃっていただけて、光栄でございます。それではこちらはFord様の荷物券でございます。チェックイン時にクラブフロアのフロントにお渡し下さい。ポーターが直接お客様のお部屋にお届けいたします。クラブフロアのフロントは、眺めのいい20階にございます。エレベーターまでお送りしましょう。

Ford： 分かりました。ありがとう。

Hayashi: It's my pleasure to hear that. Mr. Ford, this is a luggage ticket. Please give it over to the front desk located on the club floor when you check in. A porter will bring your belongings directly to your room. The front desk of the club floor is located on the 20th floor, which has a very nice view. May I escort you to the elevator?

Ford: Certainly, and thank you for the information.

Key7　Harmony（前編）
理想の部屋をかなえるフロント

　ホテルに宿泊するお客様というのは、大きく分けて3パターンあります。1つは、レジャーで宿泊するお客様。2つめは、ビジネスで宿泊されるお客様。そして、記念日でご利用なさるカップルやご家族です。この3つのパターンの場合は、たいてい、事前に予約をされているので、これまでの宿泊回数や滞在日数、それにトラブルやクレームが発生したか否か、システム上記録に残っているので、お客様のご希望に沿ったお部屋を手違えやミスなく提供することができます。

　一般的には、宿泊経験があるお客様は、事前予約しているパターンが多いのですが、しかし、当日のご予約の場合、お部屋指定をしなければ、お部屋タイプは客室の空き状況により、前回宿泊したお部屋と異なる場合があります。そうなると、前回宿泊した時と全く同じロケーションで同じインテリア、同じベッドのタイプが確実に指定できるかというと、なかなか難しいところがあります。

　今回ご宿泊のAlexandre様ご一家は、ホテルエクセレント東京ベイには今回で2回目の宿泊。Alexandre様には、小さなお子様がいらっしゃるので、前回は24階のクラブフロアにある禁煙のキングサイズのお部屋をご利用なさっていたようです。今回は、当日のご予約で「禁煙でキングサイズのベッドがいい」といった詳細なお部屋指定がない上に、ご用意できるのがツインのお部屋しかなく、Alexandre様は、困っている様子です。今回、Alexandre様ご一家3人のご予約を担当したのは、おもてなしプロジェクトメンバーの姫野さん。さて、どのようなおもてなしで、難題を切り抜けていくのでしょうか？
　Welcome to the Omotenashi World with Harmony!

お部屋がご用意できません

姫野: Mr. and Mrs. Alexandre 様、こんにちは。ホテルエクセレント東京ベイへようこそ。お待ちしておりました。当ホテルを再びお選び下さったことに、一同たいへん光栄に思っております。
チックインでいらっしゃいますか？

Alexandre: ええ。私の名前で予約をしていると思うのだが。

姫野: かしこまりました。確認いたします。確かにご予約を承っております。ご予約は、本日より3泊、7月20日にご出発予定でお間違えないでしょうか？
お部屋は、2名様、24階のクラブフロアのベイビューの見えるツインベッドルームでございます。税・サービス込で2人1泊5万円でございます。2名様、3泊で合計15万円でございます。

Alexandre: 部屋の代金は構わないのですが、ただ、前回の部屋と同じ、禁煙のキングサイズベッドの部屋をお願いしたいんだが。ご存知の通り、我が家には子供がいて、煙草のにおいが嫌いなんだ。キングサイズのベッドの部屋なら妻と子供と3人で寝られるしね。

Alexandre: それに、もうひとつ付け加えさせてもらうと、僕らはフランス人だから、ヨーロピアンなテイストの部屋にしてもらえると助かるんだが。

姫野: 前回と同じタイプのお部屋がご用意できず、たいへんお恥ずかしい限りでございます。当ホテルを代表して深くおわび申し上げます。少々お待ちいただけないでしょうか？客室係に確認いたしま

Himeno: Good afternoon, Mr. and Mrs. Alexandre. Welcome to the Hotel Excellent Tokyo Bay. We've been expecting you. We are most honored that you have chosen to spend time with us again. (Cited from the movie "The Best Exotic Marigold Hotel") *
Are you checking in?

Alexandre: Yes. I think I have a reservation under my name.

Himeno: Certainly. Let me check for you. Yes, we do have your reservation. Your reservation is a total of 3 nights, with you departing on July 20. Is this correct?
Your room is for 2 persons in a twin-bed room with a bay view on the 24th club floor. The rate for 2 person is 50,000 yen per night including tax and service charge, so, it comes to a total of 150,000 yen for 2 persons for 3 nights.

Alexandre: The room charge is fine with me. But I'd like to request the same type of non-smoking room with a king-sized bed that we had when we stayed here before. As you know, I have a child and she hates the smell of tobacco. If you could provide us with a king-sized bed room, I can sleep together with my wife and our child.

Alexandre: There is one more thing I'd like to request. Since we're French, I'd appreciate it if you could give us a room with a European touch.

Himeno: *I'm embarrassed to say that we're unable to provide you with exactly the same room type as before. I profoundly apologize on behalf of the hotel.* Forgive me for asking, sir, but will you kindly wait

す。お待たせしてたいへん申し訳ございませんが、ロビーのソファーでお待ちいただけますでしょうか？

Alexandre：分かりました。

a few moments? I'd like to check with the housekeeping staff. *I'm deeply sorry to keep you waiting*. Could you wait on the sofa in the lobby?

Alexandre: Alright.

Yuko's おもてなしポイント 1

お客様のご要望に沿えられないときは、他の対応策を考え、真摯におわびする

お電話で当日ホテルにお部屋のご予約をされるお客様は、一度ご宿泊されている場合、中には、人数と宿泊日数のみで、階数や眺めなど細かい情報はおっしゃらずにご予約をされるお客様がいらっしゃいます。こうしたお客様は、前回のお部屋タイプと同じお部屋を優先的に確保してくれるだろうと推測している場合があると思います。

ホテルのお部屋というのは、日によって、あるいは稼働率によって、お部屋タイプの指定がない場合、空いているお部屋をご提供することになるので、前回と同じお部屋が空いていれば、ご用意できるでしょうが、今回の Alexandre 様ご一家のような場合もあります。そんなとき、正直にお客様に真実を伝えることは大事です。姫野さんは、前回と同じお部屋のご用意ができないことを重大なことだと捉えていることが、この表現からもわかりますね。

「前回と同じタイプのお部屋がご用意できず、たいへんお恥ずかしい限りでございます」
I'm embarrassed to say that we're unable to provide you with exactly the same room type as before.

しかし、姫野さんは Alexandre 様に、他の手段でご所望のキングサイズのベッドのお部屋を提供するために、客室係に連絡をし、なにやら相談しているようです。

この表現を覚えておきましょう！
I'm embarrassed to say that 〜 （〜は恥ずべきことである）

＊セリフ引用（P101、P103）映画「The Best Exotic Marigold Hotel」
（邦題「マリーゴールド・ホテルで会いましょう」）

Yuko's おもてなしポイント 2

お客様の気持ちに理解を示すための謝罪の仕方をいくつかもっておこう

このシーンでは、姫野さんは Alexandre 様に対して、以前ご宿泊いただいたお部屋と同じお部屋をご用意できないことに、謝罪の意を表しています。
「当ホテルを代表して深くおわび申し上げます」
I profoundly apologize on behalf of the hotel.

また、お客様をお待たせする際にもおわびの言葉がありました。
「お待たせしてたいへん申し訳ございません」
I'm deeply sorry to keep you waiting.

ここでまとめて謝罪の表現を覚えておきましょう！
I apologize on behalf of ～ .（～を代表しておわびします）
I'm deeply sorry for ～ .（～につきまして深くおわび申し上げます）
I must apologize with deep and profound sincerity.（深く誠意をもっておわびしなければなりません）
（映画「The Best Exotic Marigold Hotel」からの引用）＊

客室係のアイディア

（姫野が客室係の野村に電話をする）

姫野：フロントの姫野です。客室係の野村さんですか？

野村：はい、姫野さんどうされましたか？

姫野：実は、フランス人のお客様が、ヨーロッパ調の禁煙のお部屋でキングサイズのベッドをご所望のようなのです。しかし現状では、ツインのお部屋しか空いていなくて、お客様のご要望に近い形で何とかできないでしょうか？

野村：なるほど、では２つのツインベッドを寄せて、一枚の大きなシーツをかけるのはどうでしょう？キングサイズの大きさのベッドのように見せることができますよ！
それと、お部屋のインテリアのデザイン

(Ms. Himeno calls Mr. Nomura in the housekeeping.)

Himeno: This is Ms. Himeno speaking from the front desk. Is this Mr. Nomura in housekeeping?

Nomura: Yes, Ms. Himeno. How may I help you?

Himeno: One of our guests from France is requesting a European-style non-smoking room with a king-sized bed. However, we only have twin-bed rooms available right now. I'd like to know if there's any way we can find something closer to what the guest would like.

Nomura: I see. How about combining two twin beds and covering them with one large sheet? We can make it look like a king-sized bed!
As for the interior design, as you know, we have an Asian resort style called

ですが、ご存知かと思いますが、我々のホテルには、アジアンリゾートスタイルの LUXURY ORIENTAL やイタリアンモダンスタイルの LA CASA、マンハッタンスタイルの NEW YORK LUXURY、パリレジデンススタイルの PARIS MAISON を用意しております。フランス人のお客様でしたら、PARIS MAISON をおすすめしてはいいかがでしょうか？
姫野：それはいい考えですね、野村さん、さすがですね！助かります。

姫野：Alexandre 様、たいへんお待たせしました。客室係に確認をしたところ、2つのツインベッドを1枚の大きなシーツで巻けば、キングサイズになるそうです。いかがでしょうか？
お部屋のインテリアのデザインでございますが、お客様はフランスの方でいらっしゃるので、パリのレジデンススタイルの PARIS MAISON が、お客様の感性には訴えるものがあるのではないかと思います。
Alexandre：2つのベッドを一つにするなんて、いいアイディアだね。気に入ったよ！それに、僕らがフランス人であることを尊重してくれてうれしいよ。是非 PARIS MAISON でお願いしたいな。

LUXURY ORIENTAL, an Italian modern style called LA CASA, a Manhattan style called NEW YORK LUXURY and a Paris residence style called PARIS MAISON. If the guest is French, then why don't you recommend the PARIS MAISON?

Himeno: That's a great idea, Mr. Nomura. You are wonderful! Thank you for your help.
Himeno: I am terribly sorry to keep you waiting, Mr. and Mrs. Alexandre. *After I checked with our housekeeping staff, I found that we could make a king-sized bed by placing two twin beds together and covering them with one large sheet. What do you think?*
As for the interior design of your room, perhaps the Paris residence style room called PARIS MAISON would appeal to your sense since you are French.
Alexandre: Yes, it's a good idea to combine two beds into one. J'adore! And thank you for noting that we're French. I would definitely love to stay in the PARIS MAISON room.

Yuko's おもてなしポイント 3

できないと思えることもアイディア一つでお客様のご要望にお応えする

通常の思考であれば、ツインのお部屋しかないと言い切るしかないと思うのですが、客室係の野村さんのように柔軟な発想を持ち合わせているスタッフがいたらどうでしょう？ 2つのツインのベッドをくっつけて、大きなシーツをかけてしまえばキングサイズのベッドになるわけです。姫野さんは、野村さんの革新的なアイディアを Alexandre 様に提案しています。

「客室係に確認をしたところ、2つのツインベッドを1枚の大きなシーツで巻けば、キングサイズになるそうです。いかがでしょうか？」

After I checked with our housekeeping staff, I found that we could make a king-sized bed by placing two twin beds together and covering them with one large sheet. What do you think?

皆さんも、会社やお店やテーマパークでも、一見不可能と思えることを、違う視点から捉えてみてください。今あるものを最大限に生かし、できないことでもなるべくお客様のご希望の近い形に持っていきましょう！

Yuko's おもてなしポイント 4

お客様のテイスト（趣向）に合わせる

今回宿泊のご家族は、フランス人の Alexandre 様ご一家。姫野さんは、ご一家がフランス人であることを考慮して、パリのレジデンススタイルを提案しています。「お部屋のインテリアのデザインでございますが、お客様はフランスの方でいらっしゃるので、パリのレジデンススタイルの PARIS MAISON が、お客様の感性には訴えるものがあるのではないかと思います」

As for the interior design of your room, perhaps the Paris residence style room called PARIS MAISON would appeal to your sense since you are French.

お客様にいくつかの選択肢を提示して、その中から最も自分の好みに合うものを選んでいただきましょう。例えば、飲食店であれば、メニューの種類をできるだけ多くお伝えし、海外のお客様に選ぶ楽しみを提供するといいでしょう。家電量販店やアパレルなどの小売店ですと、海外の方がよく買って行かれる商品のご提案などもすると、お客様にとって耳よりの情報になるかもしれませんね。

お客様をお部屋にご案内する

姫野：Alexandre 様、ご了承下さり、ありがとうございます。
（姫野が野村に再度電話をする）
姫野：それでは、Alexandre 様ご一家を PARIS MAISON にこれからご案内します。前回ご宿泊の際、お部屋の椅子がレインボーブリッジ側に向けられていたので、椅子の位置をレインボーブリッジ側と同じ方向に向けておいて下さい。最も重要なのは、前回クローゼットに置いていかれた例の「あれ」を必ず置き忘れないよう気をつけて下さい。
野村：承知しました。
（姫野、ベルの松本に電話をする）

姫野：フロントの姫野です。ベルの松本さんはいますか？

松本：姫野さん、松本です。

姫野：松本さん、Alexandre 様ご一家をこれからお部屋にご案内する際、海外のテレビチャンネルの変換法をお伝えしてもらえますか？

松本：分かりました。
姫野：それでは、Alexandre 様、客室係がお部屋の準備をしている間に、ラウンジのソファーにお座りになって、こちらに御署名をお願いできますか？
Alexandre：はい、どうぞ。
姫野：ありがとうございます。お支払方法をおうかがいできますでしょうか？
Alexandre：クレジットカードでお願いしたいです。
姫野：かしこまりました。クレジットカードの控えをいただくご許可をいただけますでしょうか？
Alexandre：もちろんです。

Himeno: Thank you for your understanding, Mr. Alexandre.
(Ms. Himeno calls Mr. Nomura again.)
Himeno: We'll take Mr. and Mrs. Alexandre to the PARIS MAISON. *The chair in their room was facing the Rainbow Bridge when they stayed here last time, so please make sure you put a chair in the same direction facing the Rainbow Bridge. Most importantly, don't forget to place the item which he left here in the closet.*
Nomura: Certainly.
(Ms. Himeno calls Ms. Matsumoto at the bell desk.)
Himeno: This is Ms. Himeno speaking from the front desk. Is there Ms. Matsumoto at the bell desk?

Matsumoto: Ms. Himeno, this is Ms. Matsumoto speaking.

Himeno: *Ms. Matsumoto, when you escort Mr. Alexandre and his family whom you are taking to their room, could you remember to show them how to switch the TV to foreign channels?*

Matsumoto: Alright.
Himeno: While our housekeeping staff is arranging your room, would you kindly sign here, and then perhaps you could wait on the sofa in the lounge.
Alexandre: Okay, here you are.
Himeno: Thank you, sir. May I ask how you would like to pay?
Alexandre: I'd like to pay by credit card.

Himeno: Certainly. Could you allow me to take a copy of your credit card?

Alexandre: Sure.

姫野：たいへんお待たせいたしました。お部屋の準備が整いました。こちらがルームキーでございます。お部屋はクラブフロア 24 階の 2403 でございます。こちらのお部屋は、禁煙で、ベイビューの見えるスーペリアルームとなりますので、PARIS MAISON の雰囲気と息をのむような景色をご堪能いただけることかと思います。ご希望でしたら、ベルスタッフがお部屋までご案内差し上げます。

Alexandre：それはありがたい。

姫野：何かありましたら、ご遠慮なくお申し付け下さい。それでは、ごゆっくりとおくつろぎ下さい。

Alexandre：ありがとう。

Himeno: I'm terribly sorry to keep you waiting. Now, your room is ready. Here's your room key. The room number is 2403, and it's located on the 24th floor of the club floor. Your room is a non-smoking, superior room with a bay view, and I hope you'll enjoy the ambience of PARIS MAISON and the breathtaking view you'll have. If you would like, one of our bell staff members will escort you up to your room.

Alexandre: That sounds great.

Himeno: I can be of service if you need anything. Please relax and enjoy your stay.

Alexandre: Thank you so much.

Yuko's おもてなしポイント 5

前回と同じ位置に物をセッティングする

ホテルに以前にも宿泊したことがあるお客様に関しては、客室係がお部屋チェックをして、テーブルや椅子の位置などが本来の位置とは違う場所に移動されていたり、私物をわざと置いていかれる場合、それをデータ上に記録として残しておきます。そして、次回、同じお客様がご宿泊なさる場合は、前回の宿泊時に家具の位置を変えたり、わざと私物を置かれていったものをその通りのままに再現をしておきます。すると、お客様は自分の趣向を理解してくれている、きめ細やかなおもてなしのできるスタッフに、驚きとともに、感動を覚えるでしょう。ですから、姫野さんは、前回の Alexandre 様の宿泊データ記録を見て、野村さんに以下のように椅子の位置について指示を出しています。

「前回ご宿泊の際、お部屋の椅子がレインボーブリッジ側に向けられていたので、椅子の位置をレインボーブリッジ側と同じ方向に向けておいて下さい」

The chair in their room was facing the Rainbow Bridge when they stayed here last time, so please make sure you put a chair in the same direction facing the Rainbow Bridge.

また、前回の宿泊時に Alexandre 様がクローゼットに意図的に置いていかれた「ある物」を置いておくようにも指示しています。
「最も重要なのは、前回クローゼットに置いていかれた例の「あれ」を必ず置き忘れないよう気をつけて下さい」

Most importantly, don't forget to place the item which he left here in the closet.

Yuko's おもてなしポイント ⑥

外国人のお客様の場合、テレビのチャンネルの変換法をお伝えしておく

Alexandre様は、フランス人であることをフロントでおっしゃっていました。おそらく、ホテルの滞在客のほとんどの方は、客室でテレビを見られると思うので、外国人のお客様であれば、お部屋に入られる前に、お客様の国籍の国のチャンネルに変えておくと、とても気の利くホテルだと思われ、常宿にして下さる可能性が高まります。姫野さんはベルの松本さんにテレビのチャンネルの変換法をお伝えするように指示を出しています。

「松本さん、Alexandre様ご一家をこれからお部屋にご案内する際、海外のテレビチャンネルの変換法をお伝えしてもらえますか？」

Ms. Matsumoto, when you escort Mr. Alexandre and his family whom you are taking to their room, could you remember to show them how to switch the TV to foreign channels?

お客様の気持ちに想いを重ねる

（半年後）

Alexandre：また、ホテルエクセレント東京ベイに宿泊することにしたよ。なんたって、前回はすごいアイディアで僕たち家族の希望をかなえてくれたからね。姫野さん、あなたたちスタッフは僕たち宿泊客の望みをかなえる魔法使いだよ！

姫野：Alexandre様、お帰りなさいませ。再び、当ホテルにお戻りいただきまして大変光栄に思います。今回は、禁煙のキングサイズのお部屋をクラブフロアにご用意しております。私どもは、お客様のご要望に合わせて、ご期待に沿えるようオーケストラのように、お客様の気持ちに私どもの想いを重ね、常に最大限の努力を心がけています。

（A half-year later）

Alexandre: I've decided to stay at the Hotel Excellent Tokyo Bay again, and the reason is that you've fulfilled my family's wishes with your great ideas. Ms. Himeno, you and your colleagues have a magic touch when it comes to making our dreams come true!

Himeno: Well, we welcome you back, Mr. Alexandre. It's a great honor to have you stay with us again. This time, we've prepared a non-smoking room with a king-sized bed on the club floor. We always try our best to meet the expectations of our guest's requests by understanding what they would like and matching that with our own ideas, like an orchestra.

Professional Eye

【スイートルームへのアップグレード】

フロントはその日の売上を最大化することはもちろんですが、その日の稼動も最大化しなければなりません。

時間の制限があるために、当日高単価の客室販売が見込めない場合、最安価なスーペリアタイプの部屋で予約を取り続け、あえてオーバーブッキングをして、スーペリアタイプで予約をいただいているお客様でも、デラックスルームやスイートルームにアップグレードすることがあります。

そうやって稼動率100％を目指すこともあります。

ですので、時には安いお部屋料金でスイートルームにチェックイン、などというラッキーなお客様もいらっしゃるわけです。

Key7　Harmony（後編）
眠りの森へいざなうベルデスク

　ベルデスクの仕事というのは、チックイン時には、お客様の車のトランクをお開けすることから始まり、お荷物をお運びし、お部屋までのご案内をするなど、多岐の業務に渡ります。また、この他にもロビー全般のお客様対応があります。例えば、左右を見渡しされて迷っているお客様には、「どちらかお探しですか？」「ご宿泊ですか？」「ご宴会ですか？」などとお声がけします。さらに、ホテルエクセレント東京ベイでは、タクシー、ハイヤー、リムジンなどの手配も承ることもあります。そして、お客様がチェックアウトの際には、お客様に間違えなくお荷物をお渡しするまでが大事な役割となります。

　こうしたあらゆる業務の中でも、ベルの仕事で一番大事なのは、宿泊客の客室へのご案内です。客室でごゆっくりくつろげるようにお部屋のご説明をするのも、ベルの大切な役割なのです。ホテルエクセレント東京ベイでは、2012年の大規模リニューアルにより、塚田社長は、客室のマットレス、デュベ（羽毛布団）、アメニティに至る細部までこだわりぬき一新しました。そして、ホテルエクセレント東京ベイにしかない商品を老舗企業と共同開発し、客室に導入。これにより、「こんなところまで日本はこだわるのか」という日本の技術の高さを生み出したところ、スタッフが「日本の良さ」を海外のお客様に語り出すようになったのです。

　今回 Alexandre 様ご一家を担当するベルの松本さんも、日本のものづくりの技術の高さに魅了されたうちの一人。Alexandre 様ご一家がご到着し、エレベーターでお部屋までご案内する最中、「ある秘密」をお伝えしたがために、翌日ちょっとしたハプニングが起こります。それは、

　　ベルの松本さんの魔法にかかった Alexandre 様が……
　　Welcome to the Omotenashi World with Harmony.

お客様のお荷物

松本：こんにちは、Alexandre 様ご夫妻。お荷物は、おいくつですか？

Alexandre：大きなスーツケースが２つと小さなボストンバッグが２つです。
松本：では、ボストンバッグをお部屋にお持ちしましょうか？
Alexandre：ええ、お願いします。

松本：スーツケースはポーターが直接お客様のお部屋にお届けいたします。Alexandre 様、こちらはお客様のスーツケースの荷物券でございます。ポーターにお渡し下さい。
Alexandre：ありがとう。
松本：それでは、私がお部屋までご案内いたします。

Matsumoto: Good afternoon, Mr. and Mrs. Alexandre. *How many pieces of luggage do you have?*
Alexandre: I have two large suitcases and two Boston bags.
Matsumoto: *Shall I carry your luggage up to your room?*
Alexandre: Yes, please.

Matsumoto: Our porter will directly send your suitcases to your room.
Mr. Alexandre, this is a luggage ticket for your suitcases. *Please hand it over to the porter.*
Alexandre: Thank you so much.
Matsumoto: I will escort you up to your room.

Yuko's おもてなしポイント 1

手荷物をお持ちのお客様には荷物券をお渡しし、ポーターがお荷物をお部屋までお運びする

ベルの松本さんは Alexandre 様に、「お荷物は、おいくつですか？」と聞き、
How many pieces of luggage do you have?
「では、ボストンバッグをお部屋にお持ちしましょうか？」
Shall I carry your luggage up to your room?
とお尋ねしています。フロントで手続きをしている場合、手荷物の取り扱いにつきましては、２つのパターンが考えられます。１つは、ポーターが直接お届けする場合。
「ポーターにお渡し下さい」
Please hand it over to the porter.
と言って、お客様に荷物券をお渡し、あとからポーターが荷物を客室に持ってきてくれるパターンもあります。
あるいは、荷物が少量であったり、ベルの手が空いていれば、フロントでチェックインが終わり次第、ベルが手荷物をお部屋までお運びするのが通例です。

Key7　Harmony（後編）眠りの森へいざなうベルデスク

最高の眠りのおもてなし

（エレベーターの中）
松本：今回はロングフライトでしたか？
Alexandre：ええ、フランスからなんでね。疲れたから、早く休みたいよ。

松本：そうでしたか、長旅お疲れさまでございます。私どものベッドは、アメリカのメーカーのTempur Sealy社が当ホテルのためだけに日本の工場に依頼して製作して下さった特別なベッドなんです。実は、3つの効果から魔法のように疲れを取り除いてくれるんです。1つは、抗菌加工が施してあり常に清潔感を保っていること。2つ目は、マイナスイオンが出るので、森の中で眠っているかのような心地よさを感じられますから、きっといい夢が見られますよ。3つ目は、リンパの流れが良くなる効果があるので、翌朝は疲れがすっかりとれます。

それに、シーツは、弊社の社長が世界中から良質なシーツを取り寄せ、自ら裸で寝てみながら厳選し、ようやくたどり着いたのがイタリア製のGASTALDI社のシーツなんですよ。きっと裸で寝ていても、とても心地いいと思います。
最高の眠りには最高のベッドだけでなく、最高のふとんも欠かせません。当ホテルは、創業400年を越える日本のふとんメーカー昭和西川のふとんを採用しておりまして、綿100％ 80サテンを使用しているので天使の羽に包まれているかのような軽さを感じますよ。

Alexandre：ベッドからマイナスイオンが出るなんて。マイナスイオンの森で寝て

(In the elevator)
Matsumoto: *Did you have a long flight?*
Alexandre: *Yes, we're coming from France. We are all quite tired, so we would like to go to bed as soon as possible*.
Matsumoto: I understand that you had a long flight. Our bed is especially made for us by an American manufacturer called Tempur Sealy. They relegate the production of our special mattresses to their Japanese factory. *This bed has three effects to magically relieve your fatigue. Firstly, it stays constantly clean because of an antibacterial finishing, and secondly, it emits negative ions, so you can feel like you're sleeping in the woods. I hope you'll have sweet dreams. Thirdly, this bed helps to improve the function of lymph nodes. Therefore, your fatigue will be gone in the morning.*
As for the sheets, our CEO collected the finest sheets from all over the world. He even tested them by sleeping on them naked. After a long search, he finally found sheets made by an Italian brand called "GASTALDI." *I'm sure you'll feel comfortable even when naked.*
If you seek for the perfect sleep, you need not only a superb bed but also superb beddings. We adopted beddings made by Showa Nishikawa, the most prestigious manufacturer of beddings with more than 400 year's history. They use cotton 80 satin for 100%. That's why they're so light that you'll feel like you're wrapped in the feathers of an angel.
Alexandre: Oh, the bed emits the negative ions? I can't wait to sleep in the woods

みるのが楽しみだな。
松本：こちらを右に曲がると、お客様のお部屋の2403号室でございます。

of the negative ions.
Matsumoto: If you turn right, you'll find your room 2403.

Yuko's おもてなしポイント 2
客室の売りをお部屋に入る前にアピールする

このシーンでは、ベルの松本さんは、
「今回はロングフライトでしたか？」
Did you have a long flight?
と Alexandre 様ご一家に尋ねています。すると、
「ええ、フランスからなんでね。疲れたから、早く休みたいよ」
Yes, we're coming from France. We are all quite tired, so we would like to go to bed as soon as possible.
とお応えになりました。それを聞いてすかさず、客室にご案内する途中のエレベーターの中でホテルエクセレント東京ベイが誇る、「3つのベッドの効果」についてご説明をします。
「実は、3つの効果から魔法のように疲れを取り除いてくれるんです。1つは、抗菌加工が施してあり常に清潔感を保っていること。2つ目は、マイナスイオンが出るので、森の中で眠っているかのような心地よさを感じられますから、きっといい夢が見られますよ。3つ目は、リンパの流れが良くなる効果があるので、翌朝は疲れがすっかりとれます」
This bed has three effects to magically relieve your fatigue. Firstly, it stays constantly clean because of an antibacterial finishing, and secondly, it emits negative ions, so you can feel like you're sleeping in the woods. I hope you'll have sweet dreams. Thirdly, this bed helps to improve the function of lymph nodes. Therefore, your fatigue will be gone in the morning.

ベッドの次にホテルがこだわるものと言えば、ふとんです。疲れたお客様に「最高の眠りのおもてなし」をできるのはやはり寝具なのです。ホテルエクセレント東京ベイでは、日本のものづくりの歴史の長さと技術を伝えるために、以下のようにベルが説明をしています。
「最高の眠りには最高のベッドだけでなく、最高のふとんも欠かせません。当ホテルは、創業400年を越える日本のふとんメーカー昭和西川のふとんを採用しておりまして、綿100％80サテンを使用しているので天使の羽に包まれているかのような軽さを感じますよ」
If you seek for the perfect sleep, you need not only a superb bed but also superb beddings. We adopted beddings made by Showa Nishikawa, the most prestigious manufacturer of beddings with more than 400 year's history. They use cotton 80 satin for 100%. That's why they're so light that you'll feel like you're wrapped in the feathers of an angel.

Yuko's おもてなしポイント 3

外国人の方の視点に立ってリネン選びをする

たいていの日本人の方は、ホテルに宿泊される際、ホテルに備え付けの浴衣や、持参してきたパジャマで就寝される方が多いかと思いますが、海外の方は裸でベッドにそのまま寝る方が多いのです。よくハリウッド映画を見ると、そういったシーンを見かけるかと思います。ですから、ホテルエクセレント東京ベイでは、裸で寝ていて最も気持ちいいシーツを、社長が世界中から探し集めて採用しており、ベルの松本さんはお客様にその寝心地の良さを口頭でしっかりアピールします。
「きっと裸で寝ていても、とても心地いいと思います」
I'm sure you'll feel comfortable even when naked.

前回宿泊時の再現

（ポーターがドアをノック）
ポーター：失礼いたします。お邪魔してもよろしいでしょうか？
Alexandre：どうぞ。
ポーター：スーツケースはどちらに置きましょうか？
Alexandre：テレビの横のここに置いて下さい。
ポーター：では、ラゲージラックに置かせていただきます。
Alexandre：はい、お願いします。
ポーター：荷物券をいただけますか？
Alexandre：はい、どうぞ
松本：ボストンバッグはどちらに置きましょうか？
（クローゼットを開ける）
Alexandre：じゃあ、クローゼットの中にお願いします。おお、前回置いていったガーメントバッグがしっかりここにかかっているとは。さすがに、感心したよ！
松本：喜んで下さって私もうれしい限りです。スーツケース2つ、ボストンバッグ2つでお揃いでしょうか？
Alexandre：はい、ありがとう。

(A porter knocks at the door.)
Porter: May I come in?
Alexandre: Come in.
Porter: Where would you like me to put your suitcases?
Alexandre: Please put them right here next to TV.
Porter: Certainly. I'll place them on the luggage rack.
Alexandre: Okay, thanks.
Porter: Could you give me a luggage ticket?
Alexandre: Here, you are.
Matsumoto: Where should I place your Boston bags?
(He opens a closet.)
Alexandre: Could you put them in the closet? *Oh, my lord, someone hung up my garment bag that I left the last time I was here. This is impressive!*
Matsumoto: I am also happy to see you are glad. Is this all? Two suitcases and two Boston bags?
Alexandre: Yes. Thank you so much.

Yuko's おもてなしポイント 4
前回の宿泊時、意図的に置いていった品物を元の位置に再現する

P107【Yuko's おもてなしポイント 5】では「前回と同じ位置に物をセッティングする」とありました。フロントの姫野さんから、客室係の野村さんに、前回の宿泊時に Alexandre 様がクローゼットに意図的に置いていかれた「ある物」、それはつまり、ガーメントバッグを、前回と同じクローゼットに置いておくように指示が出ていたのです。ホテルは、通常こなすべきことだけをしていては、お客様からの満足は得られません。感動を生み出したときこそ、お客様は初めてそのホテルを信頼してくれるのです。だからこそ、Alexandre 様は、驚きと感動を隠せませんでした。
「おお、前回置いていったガーメントバッグがしっかりここにかかっているとは。さすがに、感心したよ！」

Oh, my lord, someone hung up my garment bag that I left the last time I was here. This is impressive!

お部屋のご説明をする

松本：Alexandre 様、よろしければ、お疲れだと思うので、手短にお部屋の説明をいたしましょうか？

Alexandre：是非、お願いしたいな。特にこの部屋に備え付けられている、機械類の説明をしてほしいな。前回の時には説明を聞き忘れてしまったからね。

松本：承知しました。こちらのお部屋はベイビューなので、特に日没頃は、湾岸の景色が一望でき美しいです。
まずは、奥からご説明させていただきます。「プレッサー」と申しまして、隙間にズボンをつるして、スタートボタンを押すとしわを伸ばしてくれる代物です。とても役に立つことと思います。おそらく日本のホテルにしかないと思われます。
次にテレビですが、Alexandre 様ご一家はフランス人でいらっしゃるので、海外の番組を見るときの操作方法をお教えします。Satellite ボタンを押して、チャンネルボタンを押すだけでいいのです。

Matsumoto: *Mr. and Mrs. Alexandre, I assume you are all tired, so may I just briefly explain your room?*

Alexandre: *I'd love to. Especially, I would like you to explain all the machinery equipped in this room, because I forgot to listen to the explanation last time.*

Matsumoto: *Certainly. This room has a bay view, so the panorama is especially beautiful around sunset.*
First of all, let me explain starting from the back. This machine is called the "Pressor." If you hang your trousers through the empty space and push the start button, it will iron out the wrinkles. I'm sure you'll find it very useful. I've heard that the hotels in no other country have this.
Next is the TV. Since I heard that your family are all French, I'll show you how to switch to the foreign channels. All you have to do is push the "Satellite" button and choose which channel you would like to watch.

そして、こちらはIhomeと言いまして、この溝にiPhoneを置いていただいて、曲を選曲して再生ボタンを押すと曲が流れます。充電もできて、そのままの状態でも通話可能です。

最後にネスプレッソマシーンでございます。引き立てのコーヒーで目覚める朝は格別ですよ。

まず、電源を入れて下さい。数分後ランプが点滅すると準備が整ったということなので、レバーを垂直にあげてカプセルを投入口に入れて下さい。コーヒーカップを置き、レバーを下げるとコーヒーの抽出が始まります。

以上が、室内の機器の説明でございます。

Alexandre: 僕も妻も無類のコーヒー好きだからうれしいな。

And this is called "Ihome." If you put your iPhone into the groove, choose a song and push the start button, then it will play. You can even charge your iPhone and talk on the phone as it is.

The last one is the Nespresso machine. Freshly-ground coffee makes your morning very special.

First, you turn on the machine and a few minutes later, a light will start blinking. That means it's ready to start. Then, you lift the lever vertically and put a capsule into the slot. Next, you place a cup here and pull down the lever, then coffee will start to come out.

That's all about machines in the room.

Alexandre: My wife and I are huge coffee lovers, so we're so glad to hear that.

Yuko's おもてなしポイント 5

お部屋のご説明は、お客様のご意向に委ねる

今回のご宿泊のAlexandre様ご一家は、フランスからのロングフライトでお疲れのご様子でした。そこでベルの松本さんは次のように尋ねました。

「Alexandre様、よろしければ、お疲れだと思うので、手短にお部屋の説明をいたしましょうか？」

Mr. and Mrs. Alexandre, I assume you are all tired, so may I just briefly explain your room?

すると、Alexandre様は前回の宿泊時に聞き忘れてしまったので、機械類の説明をしてほしいな、とおっしゃられました。松本さんは、日本のホテルにしか見られない、プレッサーの使い方から始まり、P108の【Yuko's おもてなしポイント6】にあった、「外国人のお客様の場合、テレビのチャンネルの変換法をお伝えしておく」もすでに、実践されています。まだ導入されているホテルも少ないIhomeの使い方もご説明をしっかりしています。海外の方（特に欧米の方）は、スマートフォンで音楽をよく聴かれるので、こうした備品は喜ばれるでしょう！最後に、朝の目覚めを格別なものにしてくれるネスプレッソマシーンの使い方をお伝えして、機械の説明を手短に切り上げています。

お疲れのお客様には、お部屋のご説明が不要な方もいらっしゃるので、「お部屋のご説明をいたしましょうか？」*May I explain your room?* と、まずご意見をうかがってから説明を行うか否かの判断をするのがスマートです。

日本の老舗ブランド

松本： 浴室のリネンは、創業120年の歴史のある日本の老舗ブランド「今治タオル」をご用意しております。このタオルは、抜群の吸水性で、最高品質の綿を使用しているので、羽のような触り心地を実感できます。タオルやアメニティが足りないようでしたら、フロントデスクまでご連絡下さい。ご説明は以上ですが、不明な点はございませんでしょうか？

Mrs. Alexandre： いいえ。丁寧な説明をありがとう。さっき、エレベーターで言っていたベッドの寝心地がとっても楽しみで、今夜が待ちきれないわね！

Matsumoto: *As for linen, the bathrooms are equipped with "Imabari Towels" which is a prestigious Japanese brand with a 120-year history. This towel has a high absorption rate and is made of the finest quality cotton so that you feel like touching feathers.* If you need more towels or amenities, please contact the front desk. *This is all for the explanation. Is there anything that isn't clear?*

Alexandre: No. Thank you very much for such a detailed explanation. I remember you mentioned the comfortable bed in the elevator. I can't wait to get to sleep tonight!

Yuko's おもてなしポイント 6

日本の良さを日本のものづくりを通してお客様にお伝えする

ホテルエクセレント東京ベイでは、塚田社長が「日本の良さ」に注目し、ホテルの客室のあらゆるものからお客様が日本らしさを感じられるように大改造をしたのは前述の通りです。例えば、先程のシーンでは、創業400年の昭和西川のふとんが登場しましたが、老舗企業といえば、このシーンでも出てくる今治タオルも創業120年です。こうした日本企業の素晴らしいものづくりを通して、少しでも多くの海外の方に日本の良さを知っていただくために、ベルの松本さんは、以下のように説明をします。

「浴室のリネンは、創業120年の歴史のある日本の老舗ブランド『今治タオル』をご用意しております。このタオルは、抜群の吸水性で、最高品質の綿を使用しているので、羽のような触り心地を実感できます」

As for linen, the bathrooms are equipped with "Imabari Towels" which is a prestigious Japanese brand with a 120-year-history. This towel has a high absorption rate and is made of the finest quality cotton so that you feel like touching feathers.

ホテルでその良さを実感して、帰国してから自宅でも使用したいと思うお客様もいらっしゃるようですので、ホテル側は入手方法などの説明も付け加えると、さらにワンランク上のおもてなしとなるでしょう！

ホテルによっては、ベッドの他に、有名ブランドとタイアップをして、アメニティにもこだわりを持っているところもあります。
アメニティの場合の説明をご紹介しましょう！

「私どもは浴室のアメニティにもこだわりがあります」
We're also very meticulous about our bathroom amenities.
「シャンプー、コンディショナー、バス＆シャワージェル、ボディローションなどのアメニティは、アメリカの伝統ある『アグラリア』の製品を採用しております」
Our bathroom amenities, such as shampoo, conditioner, bath and shower gel and body lotion, are provided by a traditional American manufacturer called AGRARIA.

Yuko's おもてなしポイント 7

説明がひと通り終わったら、お客様にご不明点がないか確認する

まれに、予備校や大学の授業、企業内の商談やプレゼンにおいても、一方的に自分の言いたいことを話し続ける人がいますが、これではお客様とのコミュニケーションはとれません。ですから、お話がある程度済んだら、今回の松本さんのように聞くとよいでしょう。

「ご説明は以上ですが、不明な点はございませんでしょうか？」
This is all for the explanation. Is there anything that isn't clear?

〈ビジネスマンの方必見〉
聴衆に質問の場を与えるときの決まり文句なので、覚えておきましょう！
「これから30分間、質疑応答の時間とします」
We're going to **have a Q & A session** for 30 minutes starting now.

「フロアの方からのご質問をお受けしたいと思います」
We would like to **open the floor for questions**.

ベッドが心地よすぎて

（深夜12時、Mrs. Alexandre 様がフロントに電話）
フロント：Alexandre 様、いかがなさいましたでしょうか？
Mrs. Alexandre：室内が少し乾燥するから、加湿器が欲しいわ。持ってきてくれるかしら。
フロント：かしこまりました。客室係がすぐにお持ちいたします。

（翌朝）
Mrs. Alexandre：昨晩の加湿器のおかげで、いつもホテルに宿泊するとのどが痛くなるんだけど、大丈夫だったわ。
ねぇ！あなた、寝ている場合じゃないわよ。今日12時半にはハイヤーが迎えに来て、劇場でAntoineにミュージカルを見せる予定だったでしょ。もう、11時15分よ。寝坊してるわよ！

Mr. Alexandre：だって、このベッド、とっ

(At 12:00 AM, Mrs. Alexandre is making a phone call to the front desk.)
Front: Mrs. Alexandre, how may I help you?
Mrs. Alexandre: Our room is a bit dry. I need a humidifier. Could you bring one to our room?
Front: Certainly. I'll have the housekeeping staff bring it right away.

（Next morning）
Mrs. Alexandre: Thanks to the humidifier last night, my throat feels totally fine although I usually have a pain in my throat when I stay at hotels.
Oh, no! My dear, you have to wake up. The limousine is supposed to pick us up at a half past twelve so we can take Antoine to the musical at the theater. It's already a quarter past eleven. You've been sleeping too long!
Mr. Alexandre: *You know, this bed is*

Key7 Harmony （後編）眠りの森へいざなうベルデスク *119*

ても心地がよくて、ベッドから出るマイナスイオンのせいか、森に迷い込んだら、そこにいた美しいお姫様が眠りから覚めないから、僕がキスでお姫様を起こそうとして……

Antoine：パパ、早く起きてよ〜！私の好きな『美女と野獣』のミュージカルに遅れちゃうよ〜。ベルに早く逢いたいの。
Mr.Alexandre：Antoine、そのお姫様は君だったんだね！僕の小さな愛する人よ。
Alexandre様、Antoineのおでこにキスをする。
（チェックアウト時、ベルデスクにて）
Mr. Alexandre：ベッドが心地よすぎて、寝坊してしまったのは、マイナスイオンの森に引き込まれたからかもしれないな。素晴らしい眠りの体験と君のおもてなしは僕の記憶から離れはしないよ。どうもありがとう！
松本：そうおっしゃっていただけて光栄です。お忘れ物はございませんか？
ガーメントバッグはどうぞそのままで！またのお越しを心よりお待ちしております。

extremely comfortable and the negative ions emitted from the bed made me feel like I was in the woods. I think I got lost in the woods and found a beautiful sleeping princess. That's why I was trying to wake her up by kissing her and...

Antoine: Daddy, hurry and wake up! We'll be late for my favorite musical, "The Beauty and the Beast." I can't wait to see Belle.
Mr. Alexandre: *That princess was you, Antoine! Ma petite chérie.*
Mr. Alexandre kissed Antoine on the forehead.
(Check-out time at the bell desk)
Mr. Alexandre: *The bed was so comfortable that I overslept, maybe because I was taken into the woods of negative ions. I know such a wonderful sleep experience and your hospitality will never leave me. Thank you so much!*
Matsumoto: I am so flattered to hear that. Are you sure you have everything? Please just leave your garment bag as it is! We're looking forward to your next visit from the bottom of our hearts.

Professional Eye
【セーフティボックス】

最近の5つ星ホテルには、客室内にもセーフティボックスが設置されており、便利になりました。
しかし、本当に大事な物はやはりフロントのセーフティボックスに預けられることをお勧めします。安全な国、日本では問題ありませんが、特に海外では客室内のセーフティボックスを信用しきってしまうのは危険です。
その国のお国柄かも知れませんが、セーフティボックスに「これは金庫ではありません！」と表記している国もありますので、ご利用の際にはご注意いただくことをお勧めします。

Yuko's おもてなしポイント ⑧

魔法のようなひとときを提供することで、お客様とホテルとの思いがけない思い出に

Alexandre様は、ホテルエクセレント東京ベイが最も誇る、ベッドの3つの効果により、寝心地がよすぎて寝坊をしてしまいます。Alexandre様は夢を見ていたようで、
「だって、このベッド、とっても心地がよくて、ベッドから出るマイナスイオンのせいか、森に迷い込んだら、そこにいた美しいお姫様が眠りから覚めないから、僕がキスでお姫様を起こそうとして……」

You know, this bed is extremely comfortable and the negative ions emitted from the bed made me feel like I was in the woods. I think I got lost in the woods and found a beautiful sleeping princess. That's why I was trying to wake her up by kissing her and...
と奥様と娘様に朝方の夢のストーリーを語り始めます。

そして、Alexandre様は、
「Antoine、そのお姫様は君だったんだね！僕の小さな愛する人よ」
That princess was you, Antoine! Ma petite chérie.
と言ってAntoineにキスをします。

ベッドが持つ効果によって、こんな家族愛あふれるストーリーがつむぎだされることもあるのです。それは、ベルの松本さんが、
「今回はロングフライトでしたか？」
Did you have a long flight?
とAlexandre様ご一家に尋ねたときに、お客様のお疲れを癒したいという「心からの相手への調和」がなければ、松本さんはお部屋にご案内する途中のエレベーターの中で、ベッドが持つ効果をお客様に伝えなかったことでしょう。

だからこそ、「ベッドが心地よすぎて、寝坊してしまったのは、マイナスイオンの森に引き込まれたからかもしれないな。素晴らしい眠りの体験と君のおもてなしは僕の記憶から離れはしないよ。どうもありがとう！」
The bed was so comfortable that I overslept, maybe because I was taken into the woods of negative ions. I know such a wonderful sleep experience and your hospitality will never leave me. Thank you so much!
というお言葉がいただけたのではないでしょうか？

エピローグ

「東京五輪おもてなしプロジェクト」発令から3ヶ月後。
　前川取締役は、社長である塚田にプロジェクトの中間報告を行うために、メンバーをバンケットルームに召集した。
　プロジェクトの発令から3ヶ月、前川はメンバーの成長を実感しつつあった。
　社長の塚田が見守る中、前川はプロジェクトメンバーに語り始めた。
　「みんな、このプロジェクトを開始してから、あっという間に3ヶ月が過ぎた。みんなに考えてもらった『7つの鍵』と『7つのH』にもとづき、海外のお客様におもてなしをしてきてもらったと思う。少しずつではあるが、心なしか海外のお客様をもてなす姿勢が板についてきたようにも思う」
　「そこで……」と前川が言いかけた途端、突然、広報支配人の明石ゆきえがあわててバンケットルームに入ってきた。
　「失礼します。社長！大変です！」明石は息を切らせながら、胸に手を当てながら落ち着こうとした。
　「どうしましたか、明石さん。何かトラブルかね？」と、塚田は、急ぐ明石に尋ねた。
　「社長、会議中に申し訳ございません。至急社長にお伝えしたいことがありまして」
　「何かな？言ってごらん」塚田は普段冷静な社員がこんなに焦って会議まで追いかけてくるなんて、よっぽどなニュースだろうなと思った。
　「はい、大ニュースです！えっと、悪い方ではなくて、とてつもなく素晴らしいニュースです‼」
　明石は、早く伝えたい気持ちで逸る心を落ち着けることができず、しどろもどろに言った。

「実は、先日、大統領夫妻が当ホテルのレストランにいらしたのですが、私どものおもてなしに感動され、海外の国賓に対する接遇も海外のホテルと比べてもひけを取らないホテルエクセレント東京ベイで、是非、東京サミットを開催したいとの手紙をいただきました」

これを聞いた瞬間、プロジェクトメンバーから「ワァー」という歓声が沸き上がった。

マンハッタン担当の秋保は、うれしさのあまり「ヤッター！」とジャンプをした。

ドアマンの林はというと、こぶしを振り上げて、力強くガッツポーズ。

フロントの姫野とベルの松本は、手を合わせてハイファイブをしながら、秋保や林を見て喜んでいた。

そんな社員を見つめながら塚田は言った。

「なんだって!!　それは素晴らしいじゃないか！『東京五輪おもてなしプロジェクト』の成果が出たってことだな。明石さん、その手紙を読んでもらえるかな？」

「はい。では、読ませていただきます」

「ホテルエクセレント東京ベイ様　先日は素晴らしいお食事に、日本人らしい細やかなおもてなしを本当にありがとうございました。こんなに家庭的な心遣いのあるおもてなしは、初めて体感しました。あの日は雨だったのですが、ドアマンの方が傘をさして待っていてくれて、私がホテルに到着したとき、ベルの方が、ハンドタオルを差し出してくれました。これには驚きました。これまで世界中のいろいろなホテルに行きましたが、ハンドタオルで出迎えてくれて、中に入ると洛中洛外図屏風と武家の家紋が日本らしさを肌で感じさせてくれる、そんな日本的なおもてなしは、はじめて体験しました。

それに、忘れられないのが、お料理の説明をされた方が、日本らしさの中に海外のお客様を笑顔にするユーモアも持ち合わせていたことです。そんなホテルは、唯一無二だと思いました。その国の独自性と海外のお客様を喜ばせるグローバルな感覚を持ち合わせていらっしゃる。私は長年そういうホテルでサミットを開催できたらとずっと思っていました。だからこそ、是非、ホテルエクセレント東京ベイをサミットの会場として選定させていただきたい。このホテルは今後歴史に名を残す偉大なホテルとなるでしょう」

　前川をはじめ、その場にいたプロジェクトメンバーはみな目に涙をためていた。
　塚田もまた、泣いている社員を見て、目頭を熱くしながらも声を振り絞って言った。
　「君たちが知恵を絞って考えた『7つの鍵』が人の心にこんなに響いたなんて、私もホテル経営に参入して、今本当に良かったなと思う。日本を代表するホテルに少しでも近づきたい。そんな志を持ってやってきたつもりだったが、君たちのおもてなしがこのホテルを歴史に残るホテルに成長させてくれるのだと、改めて気づかされたよ。君たちのおもてなしは、国境を越えてお客様からお客様へと語り継がれ広がっていくんだ。これからも、斬新な発想で、海外のお客様を喜ばせ、楽しませてください。
　Be humorous. Be professional.」

　歴史に名を残すホテル。ホテルエクセレント東京ベイの新たな挑戦が、今ここに始まったのだった。

第 II 部【マニュアル編】

今から話せる
おもてなし英語

日常表現とおもてなし表現はここが違う

▷音声、無料ダウンロード

第Ⅱ部にあたって

　本書の第Ⅰ部では、ホテルを舞台とするおもてなし英語表現の実際場面を見ていただけたと思います。お楽しみいただけましたでしょうか？　日本人らしいきめ細やかなおもてなしを感じ取っていただけましたでしょうか？　しかし、
　「ストーリーを読む時間がない！」
　あるいは、
　「もっと最短でおもてなし英語を習得したい！」
　という方は、第Ⅱ部の英語表現集から読み進めることをおすすめします。
　外国人の方が訪日する際の目的は、観光が多いそうです。では、観光で外国人の方が一番支出するものは何だと思いますか？　平成27年の観光庁が発表している「訪日外国人の消費動向」によると、外国人観光客の支出の内訳は、宿泊費、飲食費、交通費、娯楽、買い物代となっています。この支出の中で消費額の多い、宿泊、飲食、娯楽、買い物に焦点をあて、外国人のお客様を接客する際に必要な英語表現をご紹介していきたいと思います。
　Lesson1では、ホテルスタッフの方々に今すぐ身につけてほしいおもてなし英語表現をまとめました。ホテル内の全てのセクション「ドア、ベル、テレフォンオペレーター、予約スタッフ、フロント、客室、ルームサービス」の仕事現場に直結した場面について、「日常表現」からホテル内で使う「おもてなし表現」までの2段階をご紹介させていただきます。
　Lesson2では、幅広く、飲食業、観光サービス業、接客にたずさわる方々に身につけてほしいおもてなし表現をまとめました。
　日本での観光の際、最も多くの外国人が期待しているのは、日本食。日本には素晴らしい飲食店がたくさんあります。ミシュランガイドの掲載店からこだわりのシェフが営む個人店、海外でも近年進出しているファミリーレストラン。なかでも、面白いことに、多くの外国人観光客がラーメンを最も満足した食事に挙げています。ですから、高級店から、ラーメン屋さんに勤務されている方まで対応できるよう、『レストラン／飲食店』編の「おもてなし英語」をご用意しました。
　食の次は遊びです。皆さんも海外に行かれる時にはテーマパークを真っ先にチェックする方も多いのではないでしょうか？　水族館や遊園地にある観覧車やジェットコースターなどの乗り物の管理をするスタッフの方は、『テーマパーク』編をご覧いただければと思います。
　旅の最後は、日本の思い出を残すために、外国人観光客の皆様はお土産を買われます。64.8%の外国人観光客の方がデパートでお買い物をされているようです。デパートには、有名ブランドショップ、化粧品のストアが入っていると思うのですが、そうしたお店で勤務する方は、是非、『ブランドショップ／お土産品店』編をご覧ください。また、外国の方は百貨店だけでなく、家電量販店に行かれる方も25.8%もいらっしゃいますので、家電量販店さん向けと、そして食品サンプルや浴衣といった日本らしいお土産の取り扱い店用の表現もご紹介しています。
　このようにホテル、飲食店、テーマパーク、ショップの4つのカテゴリーにわけておりますが、それ以外の分野の幅広い読者の方が、外国人のお客様を接客する際に、本書がお役に立てればと思います。本書の特徴は、ご友人との日常会話からビジネスでも使え、さらにはサービス施設などで使えるホスピタリティーあふれる「おもてなし表現」を全てカヴァーできるように、シチュエーション別に「日常表現」、「おもてなし表現」を設けている点です。皆様の日常生活やお仕事に是非お役立ていただければ、著者として望外の喜びでございます。

Lesson 1
ホテルスタッフが使える「おもてなし英語」

🟢 は日常表現、⬛ はおもてなし表現です。※無印は、特に区別がない表現です。

ドアスタッフの「おもてなし英語」
1. お客様のご到着

ご到着のお客様へのごあいさつ

おはようございます［こんにちは、こんばんは］。（お客様が女性のときは ma'am、男性のときは sir をつけます）

   Good morning [afternoon, evening], ma'am（女性）/sir（男性）.

ホテルエクセレント東京ベイ［店名］へようこそ。

   Welcome to the Hotel Excellent Tokyo Bay.

チェックインでございますか？

   Are you checking in the hotel?
   Will you be checking in to our hotel today?

いらっしゃいませ。

 🟢 May I help you, ma'am（女性）/sir（男性）?
 ⬛ How may [can] I help you, ma'am（女性）/sir（男性）?

ご宿泊でございますか？

   Are you staying at the hotel?

荷物に関する表現

（お荷物は）こちらで全部でございますか？

   Is this everything?

🟢 は 日常表現、⬛ は おもてなし表現です

ほかにお荷物はございますか?
>Do you have any other luggage [baggage]?

全部でお荷物はいくつございますか?
>How many bags do you have in all [total]?

お荷物をお持ちいたします。
>I will carry your luggage [baggage] for you.
>Let me take your luggage [baggage] for you.

施設内にご案内するときの表現

こちらへどうぞ。
>🟢 I will show you the way.
>⚫ I will escort you to（場所）.

ベルスタッフ［ポーター］がフロントへご案内いたします。
>A bell staff will take you to the reception [front desk].
>A bell staff will show you to the reception [front desk].

ごゆっくりどうぞ。
>🟢 Enjoy your stay.
>⚫ We hope you have a pleasant stay.

ごゆっくりお過ごしください。
>🟢 Make yourself at home.
>⚫ Have a pleasant day.

ほかに何かございましたら、お気軽にお申しつけください。
>🟢 If you need anything else, please let me know.
>⚫ If I can be of any further assistance to you, do not hesitate to ask.

2. お客様のご出発

ご出発のお客様へのごあいさつ

ホテルエクセレント東京ベイをご利用いただき、ありがとうございました。

🟢 Thank you for staying with us.

🤵 I hope you enjoyed your stay at the Hotel Excellent Tokyo Bay.

また、ホテルエクセレント東京ベイでお目にかかれるときをお待ちしております。

🟢 We look forward to seeing you again at the Hotel Excellent Tokyo Bay.

🤵 We look forward to welcoming you again at the Hotel Excellent Tokyo Bay.

お気をつけてお帰りください。

🟢 Please be careful on your way home.

🤵 Have a safe and enjoyable trip home.

リムジンバスに関する表現

ラッシュ時間と重なると、遅れることがございます。

During rush hour, the bus may be delayed.

バスはスケジュール通りに運行しております。

The bus is running on time.

どちらのターミナルからご出発されますか？

Which terminal are you departing [leaving] from?

お荷物はこちらで全部でございますか？

Is this it?
Is this all your luggage [baggage]?

🟢 は 日常表現、 🤵 は おもてなし表現です

何名様でいらっしゃいますか？

> How many?
> How many guests are there?

何時にご出発ですか？

> When are you leaving?
> Could you tell me what time you are departing?

何時のフライトでご出発ですか？

> What time does your flight depart?
> Could you kindly tell me what time your flight departs?

ベルスタッフの「おもてなし英語」

1. ベルデスクでの案内

お客様におうかがいするときの表現

おはようございます。[こんにちは、こんばんは]

    Good morning [afternoon, evening], ma'am（女性）/sir（男性）.

何かおうかがいいたしましょうか?

    May I help you?
    How may I be of assistance?

何かございましたら、何なりとお申しつけください。

    Ask me if you need anything.
    Is there anything you would like me to do for you?

これでよろしいでしょうか?

    Is this OK?
    Will this be fine for you, ma'am（女性）/sir（男性）?

お客様に答えるときに

かしこまりました。

    All right.
    Certainly.

少々お待ちいただけますか?

    Just a moment, please.
    Could you kindly wait for a moment?

は 日常表現、 は おもてなし表現です

お客様に何かを伝えるときに

おそれ入りますが〜

👕 I'm sorry to tell you...
🤵 I would appreciate it if you could...

〜したほうがよろしいと存じますが。

👕 Maybe, you should...
🤵 If you don't mind, may I suggest...

〜ということをお知らせいたします。

👕 Just to let you know...
🤵 We would like to inform you that...

お客様にアドバイスを伝えるときに

バス［電車、タクシー］に乗ったほうがよろしいかと存じますが。

👕 You should take a bus [train, taxi].
🤵 If you allow me, I would suggest that you take a bus [train, taxi].

〜されることをお勧めいたします。

👕 My advice is to...
🤵 I would highly recommend that...

〜されたほうがよろしいかと存じます。

👕 You should...
🤵 Please allow me to advise you to...

2. 荷物の預かり・届け

荷物の預かりに関する質問

本日、お荷物はいくつ預けられますか？

How many bags do you want to store?
How many pieces of luggage will you be storing today?

バッグ［コート］をお預かりいたしましょうか？

Shall I take [keep] your bag [coat]?

お荷物の中に、貴重品やこわれやすいものはございますか？

Is there anything valuable or breakable inside your bags?

お荷物は何時ごろまでお預かりいたしましょうか？

Until what time would you like to store your luggage?

お客様へ情報を伝えるときの表現

こちらはお預かり券でございます。もどられましたら、ベルスタッフかフロントスタッフにお渡しください。

This is your luggage claim tag. Please hand it to either one of the bell persons or front receptionists when you come back to the hotel.

チェックインしてから、ポーター（ベルスタッフ）が直接お部屋に荷物をお持ちいたします。

Our bell staff will bring your luggage to your room after you have checked in.

〈主語を変えれば、テーマパーク、飲食店でも使える!〉

落とし物、置き忘れの物については、ホテルでは責任を負いかねます。

The hotel cannot be responsible for any personal belongings that may be lost or misplaced.

は 日常表現、 は おもてなし表現です

フロントは 2 階にございます。
　　　　　　The reception is located on the second floor.

チェックインしたあと、ポーター（ベルスタッフ）がお部屋までご案内いたします。
　　　　　　A bell person will show you to your room after you have checked in.

私どものスタッフがお手洗いまでご案内いたします。
　　　　　　Our staff will show you to a restroom.

テレフォン・オペレーターの「おもてなし英語」
電話によるサービス

電話が遠くて聞きとれないとき

おそれ入りますが、お電話が遠いようでございます。

🟢 I am sorry, but I can't hear you.
⬛ I am terribly sorry, but I can barely hear you.

おそれ入りますが、もう少し大きな声でお願いできますでしょうか?

🟢 Excuse me, can you speak up?
⬛ Pardon me. Could you please speak a little louder?

もう一度お願いいたします。(相手の言ったことが聞き取れないとき)

🟢 Sorry. You were saying?
⬛ Would you say that again, please?

お客様を待たせるとき

このまま、お待ちいただけますでしょうか?

🟢 Hold on, please.
⬛ Could you hold the line for a moment?

〜を確認いたしますので、少々お待ちいただけますか?

🟢 Just a moment, please. I will check...
⬛ Could you hold the line, while I check...?

少々お待ちください。

🟢 Hold on, please.
⬛ Ma'am(女性)/Sir(男性), could I ask you to wait just a few moments?

🟢 は 日常表現、⬛ は おもてなし表現です

電話で待ってもらっているお客様に対して

お待たせしました。

Thank you for waiting.
［お待たせして大変申し訳ございませんでした。］
I apologize for having kept you waiting.

どうぞお話しください。

Go ahead.
Please go ahead and start talking, ma'am（女性）/sir（男性）.

お待たせいたしました。鈴本一郎が電話に出ております。

Thank you for waiting. This is Ichiro Suzumoto speaking.
I am sorry to have kept you waiting. This is Ichiro Suzumoto speaking.

スタッフが席を外しているとき

あいにく、席を外しております。

I'm sorry, he's not here right now.
［あいにく、席を外しております。よろしければお電話をしましょうか？］
I'm afraid he is away right now. Shall I call him?

あいにく、出張中です。

Unfortunately, he is out of town on business.
［あいにく、出張中でございます。伝言を承りましょうか？］
I am afraid he is out of town on business. May I take a message?

申し訳ございませんが、本日お休みをいただいております。

Unfortunately, today is his day off.［Unfortunately, he is off today.］
［あいにく、本日はお休みをいただいております。代わりにご用件を承りましょうか？］
I am afraid he is off today. May I help you instead?

ただいま、ほかの電話に出ております。少々お待ちいただけますか？

　　　　He is on another call at the moment. Please wait a few minutes.

　　　　He is on another call at the moment. Would you please wait for a few moments?

折り返しお電話いたしましょうか？

　　　　Do you want him to call you back?

　　　　Shall I have him call you back?

伝言を承りましょうか？

　　　　Do you want to leave a message?

　　　　May I take a message?

は 日常表現、　　は おもてなし表現です

予約スタッフの「おもてなし英語」

予約の受付に関する表現

おはようございます［こんにちは、こんばんは］、宿泊予約でございます。ご用件を承ります。
Good morning [afternoon, evening], room reservations.

- 👕 May I help you?
- 🤵 How may [can] I help you?

ご滞在は何日でいらっしゃいますか？

- 👕 When are you going to stay?
- 🤵 What date [day] would you like to make reservations for?

ご予約は何泊でいらっしゃいますか？

- 👕 How many nights are you going to stay?
- 🤵 How many nights would you like to make a reservation for?

ご予約の人数は何名様でいらっしゃいますか？

- 👕 How many people is the reservation for?
- 🤵 How many guests would you like to make a reservation for?

お名前、ご連絡先、ご到着時間、お支払い方法をおうかがいできますか？

- 👕 Your name, contact number, time of arrival and method of payment, please.
- 🤵 May I ask your name, contact number, time of arrival and method of payment?

何日にご出発でございますか？

🟢 What day are you going to check out?

🤵 What date would you like to check out?

ツインとダブルではどちらになさいますか？

🟢 Which do you prefer, a twin or a double room?

🤵 We have a twin or a double room. Which one would you prefer?

2つの景色が見えるお部屋をご用意しております。

🟢 We have two types of views.

🤵 We have rooms with two different views, which would you prefer?

ABC自動車様［社名］には法人特別料金の1泊2万円で提供いたしております。

🟢 We have a special corporate rate for ABC Motors [corporate name] for 20,000 yen per night.

🤵 For ABC Motors [corporate name], we are pleased to offer a special corporate rate of 20,000 yen per night.

税、サービス料は含まれておりません［含まれていないことをご留意下さい］。

🟢 Tax and service charges are not included.

🤵 Please kindly note that the price I quoted does not include tax and service charges.

ダブルルーム［スイートルーム］を1泊6万円税別［税込］でご用意いたしております。

🟢 We have a double room [suite] available at a rate of 60,000 yen per night, tax excluded [included].

🤵 We are pleased to offer you a double [suite] room at a rate of 60,000 yen per night, tax excluded [included].

🟢 は 日常表現、 🤵 は おもてなし表現です

Lesson 1　ホテルスタッフが使える「おもてなし英語」　*139*

予約や満室に関する表現

申し訳ございませんが、スーペリアタイプは当日満室を頂戴しております。

> Unfortunately, all superior rooms are booked for that night.
>
> ［申し訳ございませんが、スーペリアタイプは当日全部満室でございますが、よろしければ別のお部屋タイプをお探ししましょうか？］
>
> We are terribly sorry to say, but we have no superior rooms available for that night. However, if you would like, shall I look for another type of room for that night?

申し訳ございませんが、当ホテルは御社との売掛精算契約がございません。予約前に、振り込みまたは現金、カードでのお支払いをお願いしております。

> I am afraid to inform you that the hotel has no credit arrangements on credit sale settlement with your company. The hotel requires advance payment by bank transfer, cash, or credit card before the reservation date.

あいにく、ご希望のお日にちは満室でございます。

> Unfortunately, the hotel is fully booked for the nights you want.
>
> ［申し訳ございませんが、あいにくご希望の日にちは満室でございますが、よろしければ近隣の他のホテルをお探ししましょうか？］
>
> We are terribly sorry to tell you that none of the rooms are available for the nights you've requested. However, if you would like, shall I look for other hotels nearby?

予約を確認するときの表現

お部屋の状況を確認いたしますので、このままお待ちいただけますでしょうか？

> Please hold on while I check room availability.
>
> Could you kindly hold the line while I check if we have any rooms available?

ご予約について確認させていただきますので、このままお待ちいただけますでしょうか？

👕 Just a moment, please. I will check your reservation.

👗 Please kindly wait ［hold the line］ until I can get back to you about your reservation.

予約の受付を終了する

〜月〜日のご予約で、お待ちしております。

We look forward to seeing you on the date you reserved, the…

ご到着をお待ちしております。

We look forward to your arrival.

👕 は 日常表現、 👗 は おもてなし表現です

Lesson 1 ホテルスタッフが使える「おもてなし英語」 *141*

フロントスタッフの「おもてなし英語」

1. 飲食店、ホテルで使える表現

名前の確認

お名前をいただけますか？

　　　　👕 What's your name?
　　　　🤵 May I have your name, ma'am（女性）/sir（男性）?

ご予約のお名前をおうかがいできますか？

　　　　👕 What name is the reservation under?
　　　　🤵 May I have the name on your reservation, ma'am（女性）/sir（男性）?

お名前のつづりを教えていただけますか？

　　　　👕 How do you spell your name?
　　　　🤵 Can I have the spelling of your name?

登録カードへの記入

登録カードにご記入をお願いいたします。

　　　　👕 Please fill in this registration card.
　　　　🤵 Could you kindly fill in this registration card?

支払い方法に関する表現

お支払い方法はいかがなさいますか？

　　　　👕 How do you want to pay?
　　　　🤵 How would you like to pay your bill?

お支払いは現金になさいますか、それともクレジットカードになさいますか？

　　　　👕 How do you want to pay for this, in cash or by credit card?
　　　　🤵 Would you like to pay by cash or credit card?

クレジットカードのコピーをいただけますでしょうか？

👕 May I take the merchant copy of your credit card?

🤵 Would you mind if I take the merchant copy of your credit card?

2. チェックアウト

チェックアウト時の基本的な表現

お名前とお部屋番号をいただけますでしょうか？

👕 What's your name and your room number?

🤵 May I have your name and room number, please, ma'am(女性)/sir(男性)?

お客様の精算書コピーでございます。間違いがないか、ご確認ください。

👕 Here is a copy of your room account. Make sure to check that it is correct.

🤵 Here is a copy of your room account. Please check your account to make sure that everything is fine.

ホテルエクセレント東京ベイをご利用いただきありがとうございました。ご滞在はお楽しみいただけましたでしょうか？

👕 Thank you for using the Hotel Excellent Tokyo Bay. Did you enjoy your stay?

🤵 We thank you for staying with us at the Hotel Excellent Tokyo Bay. We hope you enjoyed your stay.

＊ホテルや娯楽施設、個人の家などからお客様が帰るときに使える表現。背景心理としては「ご満足してもらえた確信がない（謙遜）⇨ 不満足だったら申し訳ない⇨ 満足だったらうれしい」という変遷があり、これを英語で表すと、we hope you enjoyed に相当。

👕 は 日常表現、 🤵 は おもてなし表現です

Lesson 1 ホテルスタッフが使える「おもてなし英語」 *143*

また、ホテルエクセレント東京ベイでお目にかかれる日をお待ちしております。

🟩 We look forward to seeing you again at the Hotel Excellent Tokyo Bay.

🧥 We look forward to welcoming you again at the Hotel Excellent Tokyo Bay.

お気をつけてお帰りください。残りのご滞在をお楽しみください。

🟩 Be careful going home and enjoy the rest of your stay.

🧥 Please be careful on your way home and enjoy the rest of your stay.

3. メッセージの伝達

お客様の使う表現

～にメッセージを残したいのですが。

🟩 I want to leave a message for...

🧥 May [Can] I leave a message for...?

～にメッセージをお願いします。

🟩 Leave a message for...

🧥 Would you leave a message for...?

メッセージを残してもらえますか？

🟩 Can you take a message for me?

🧥 Would you mind taking a message for me?

私あてにメッセージはありますか？

Is there any messages for me?
Do you have any messages for me?

メッセージの受け渡しに使う表現

続けてどうぞ。

　　　👕 Go on.

　　　🤵 Please go ahead, ma'am（女性）/sir（男性）.

メッセージをいただけますか?

　　　👕 Give me the message.

　　　🤵 May [Can] I have the message, please?

ただいまメッセージを繰り返します。

　　　　I will repeat the message back now.

電話をかけてくる方のお名前をいただけますか?

　　　👕 Tell me who's calling.

　　　🤵 May I know the name of who is calling, ma'am（女性）/sir（男性）?

お名前とご連絡先をいただけますか?

　　　👕 Tell me your name and contact number.

　　　🤵 Could you tell me your name and contact number, ma'am（女性）/sir（男性）?

4. セイフティ・ボックス

お客様の使う表現

セイフティ・ボックスを使いたいのですが。

　　　👕 I want to use the safety deposit box.

　　　🤵 I would like to use the safety deposit box.

👕 は 日常表現、🤵 は おもてなし表現です

貴重品を預けたいのですが。

　　I want to deposit my valuables.
　　May I deposit my valuables?

セイフティ・ボックスに関する表現

下記のフォームにご記入いただけますか？

　　Fill out this form, please.
　　Will you fill in this form, please?

このカードにお名前、ご住所、お部屋番号、サインをお願いします。

　　Please write your name, address, and room number and sign this card.
　　May I ask you to write your name, address, room number and signature on this card?

こちらに貴重品をお入れください。

　　Please put your valuables in here.
　　Could you kindly put your valuables in here?

本日お預かりする品物はどれくらいの大きさですか？

　　How big are the items that you are storing today?
　　Please let me know how big the items are that you are storing today.

もっと大きい［小さい］箱になさいますか？

　　Do you need a large [small] box?
　　Would you prefer a larger [smaller] box?

この大きさの箱で入りますか？

　　Will it fit in this box?
　　Is this box big enough for it to fit into?

下記利用規約をお読みください。

🟩 Please read the following instructions.
⬛ Could you kindly read the terms and conditions?

セイフティ・ボックスの鍵は1つしかございませんのでお気をつけください。

🟩 Please be careful, because this is the only safety box key.
⬛ Please pay close attention not to lose the key, because it is the only one that works for your safety box.

スペアキーはございませんのでご注意ください。

🟩 Please be careful, because there is no spare key.
⬛ Please take care not to lose this key, because we don't have a spare key.

鍵をなくされたり破損の際は、付け替えの費用として2万5,000円を申し受けます。

🟩 If you lose or damage the key, we ask you to pay 25,000 yen to replace the lock and key.
⬛ In case the key gets lost or damaged, we will charge you 25,000 yen to replace the lock and key.

5. 忘れ物

〈テーマパークや美術館などで使える表現〉
忘れ物の状態を尋ねる表現

どこにお忘れになりましたか?

Where did you leave the item?
Where do you think you lost your item?

何でできていますか?

What is it made of [from]?
What does it consist of?

🟩 は 日常表現、 ⬛ は おもてなし表現 です

ブランドは何ですか？

    What brand is it?
    Which label is it?

何色ですか？

    What color is it?

大きさはどれくらいですか？

    What size is it?
    How large is it?

どんな形ですか？

    What style is it?
    What shape is it?

どのくらいのお値段ですか？

    How much did it cost?
    What is the value?

いくつございましたか？

    How many did you have?
    How many items did you have?

最後に見たのはどこでございますか？

    Where did you see it the last time?
    Where was the last place you saw it?

どんなデザインでしょうか？

    What sort of design is it?

忘れ物に関する表現

お部屋番号と忘れ物の特徴を教えていただけますか?

🟢 Tell me your room number and describe the item you lost?

⚫ Could you kindly tell me your room number and describe the item that you lost?

記録をお調べいたしますので、少々お待ちください。

🟢 I will check your account. So can you hold on for a second?

⚫ Please wait a few moments while I check your records.

忘れ物を見つけしだい、すぐにお電話いたします。

🟢 I will call you right away once I have found your belongings.

⚫ I promise to call you as soon as I have found your belongings.

申し訳ございませんが、ホテルではお客様のお忘れ物を見つけることができませんでした。

🟢 Unfortunately, the hotel couldn't find your belongings.

⚫ I am afraid to tell you, but unfortunately the hotel has not been able to find your belongings.

お客様のお荷物が見つかりましたら、すぐにご連絡できるように、ファイルに記録いたしました。

🟢 I have made a record about your lost belongings, I wil call as soon as they are found.

⚫ I have made a note of your lost belongings, so once they are found, I will call you right away.

ご不便をおかけいたしましたことを、おわび申し上げます。

🟢 I wish to apologize for the inconvenience that this has caused you.

⚫ [我々の監督不行き届きがゆえに、ご不便をおかけいたしましたことを、深くおわび申し上げます。] I would like to deeply apologize for the inconvenience that our lack of supervision has caused you.

🟢 は 日常表現、 ⚫ は おもてなし表現です

そのように大切なお品物を置き忘れたことは、たいへんお気の毒に存じます。

🟩 It's unfortunate that you misplaced such an important item.

🎽 We are terribly sorry to hear that you misplaced such an important item.

お客様のお忘れ物がございました。すぐにお持ちいたしますので、もう少々お待ちください。

🟩 We found your belongings and are bringing them now. I want to ask you to wait a few moments.

🎽 Your belongings have been found. We will be bringing them right away, so please kindly wait for just a moment.

客室スタッフの「おもてなし英語」
ランドリー

客室係の表現

何時ごろお部屋の掃除にうかがいいたしましょうか？

What time can I clean your room?

When is it convenient for you to have your room cleaned?

ランドリー関係の表現

当日仕上げと急行仕上げ、どちらにいたしますか？

The regular or express service?

Which would you prefer, the normal service or the express service?

フォームにご記入いただき、クリーニングに出されるお品物は、全てランドリーバッグに入れて準備をお願いいたします。

Please fill in the form and put all the items that need cleaning into the laundry bag for collection.

Could you kindly fill out the form and put all the items that you would like to be cleaned into the laundry bag for collection?

クローゼットの中にあるランドリーフォームにご記入ください。

Please fill out the laundry slip [form] that's inside the closet.

May I ask you to fill out the laundry slip [form] that has been placed inside the closet?

急行仕上げは、通常料金の 50% 増しになります。

We have an express laundry service. We charge a 50% surcharge on top of the normal laundry charges.

If you would like to use the express laundry service, a 50% surcharge will be added to the normal laundry charges.

は 日常表現、 は おもてなし表現 です

客室係がすぐにおうかがいして、お品物を取りにまいります。

　　A housekeeper will go and pick up your laundry right away.

　　A housekeeper will be coming to pick up your laundry right away.

お品物が出来上がりましたら、〜時までにお部屋にお届けいたします。

　　After we finish your laundry, we'll deliver it to your room by…

　　Once your laundry is ready, we'll have someone deliver it to your room by…

補修関係の表現

申し訳ございませんが、刺繍のあるお品物や、縮みやすいお品物はお取り扱いできかねます。

　　Unfortunately, we cannot launder embroidered items or items that might easily shrink when washed.

　　We regret to inform you that we cannot launder any embroidered items or items that might shrink in the wash.

申し訳ございませんが、ボタンつけや縫い合わせなどの簡単なお直ししかうけたまわっておりません。簡単にできない補修や修繕については、お約束いたしかねます。

　　Unfortunately, we can only sew simple items such as buttonholes and mending seams. We cannot take on the responsibility for any items that cannot be easily fixed or mended.

　　I am very sorry to inform you that we can only sew simple items such as sewing on buttons and mending seams. We are afraid that we can't take responsibility for items that cannot be easily fixed or repaired.

シミ取り関係の表現

どんな種類のシミでしょうか？

　　What type of stain is it?

　　May I ask what type of stain it is?

できるかぎりのことをさせていただきますが、必ずシミがとれるという保証はできかねます。

> We will do our very best to remove the stain, however, we cannot guarantee it will be complete removed.

> We promise to do the best we can. However, we cannot guarantee that we can completely remove the stain.

お客様が使うランドリー関係の表現

シャツを糊づけしないでください。

> Please do not starch my shirts.

> May I ask you not to starch my shirts?

このセーター［カーディガン、シャツ］は洗うと縮むかもしれません。

> This sweater [cardigan, shirt] will [might] shrink in the wash.

> I must say this sweater [cardigan, shirt] will [may] shrink in the wash.

品物をクリーニング［ドライクリーニング、プレス、水洗い］してほしいのですが。

> I would like to have my clothes cleaned [dry cleaned, pressed, washed/laundered].

このブラウスは色落ちするかもしれません。

> This blouse might lose its color.
> The color of this blouse could fade.

色がにじむかもしれません。

> The color will run.
> The color might run.

弱酸性洗剤を使ってください。

> Please use mildly acidic soap.

> May I ask you to use mildly acidic soap?

手洗いしてください。

>Please hand wash it.
>Please wash it by hand.

別洗いしてください。

>Please wash it by itself.
>Please wash it separately.

漂白しない［合成洗剤を使わない］でください。

>Please do not use bleach [detergent].
>May I ask you not to use bleach [detergent]?

ジャケットがさけてしまいました。

>I have a tear in my jacket.
>My jacket is torn.

〜に穴を開けてしまいました。

>I have a hole in my...
>I have made a hole in my...

補修サービス［洋服の修繕］はできますか？

>Do you mend clothes?
>Do you provide maintenance and repair service for clothes?

縫い目を直せますか？

>Can you mend a seam?
>Are you able to mend a seam?

〜のシミを取ってほしいのですが？

🟩 Can you get rid of a ... stain?
👔 I would like you to remove a ... stain.

〜を直せますか？

Can you repair...?
Can you fix...?

ジッパー［ファスナー］をつけ替えられますか？

Can you replace a zipper [fastener]?

ボタンのつけ替えはできますか？

🟩 Can you replace a button?
👔 Could you stitch a new button onto a shirt?

さけてしまいました［破れてしまいました、すり切れてしまいました］。

It's torn [ripped, frayed].

シャツがさけて［破れて］しまったので、修理してほしいのです。

The shirt is torn and needs to be mended.
The shirt is ripped and I would like you to mend it.

セーターがけば立っています。

The sweater has fuzz balls.
My sweater is pilling.

襟の糊が取れてしまいました。

The starch on the collar was removed.

🟩 は 日常表現、 👔 は おもてなし表現です

〜がもつれています。

>The ... is matted.
>I have a ... tangled with...

〜の形がくずれてしまいました。

>The ... is out of shape.

〜の色が落ちてしまいました。

>The ... has faded.
>The ... lost its color.

ルームサービスの「おもてなし英語」

ルームサービスの注文を受ける場合の表現

ご注文をうけたまわります。

 🟢 What can I get you?
 🤵 May I take your order, ma'am（女性）/sir（男性）?

AとBと、どちらになさいますか？

 🟢 Which do you like, A or B?
 🤵 May I ask which is your preference, A or B?

何名様でお召し上がりですか？

 🟢 For how many people?
 🤵 May I ask how many people will be dining?

～料理を（ぜひ）お勧めいたします。

 🟢 I (highly) recommend...
 🤵 I recommend ... by all means.

ルームサービスの注文内容についての確認

どんな種類の～をお選びになりますか？

 🟢 What type of ... do you like?
 🤵 What type of ... would you prefer to have, ma'am（女性）/sir（男性）?

卵はどのように料理いたしましょうか［ゆでましょうか、焼きましょうか？］

 🟢 How do you like your eggs cooked［boiled, fried］?
 🤵 How would you like your eggs cooked［boiled, fried］?

🟢 は 日常表現、🤵 は おもてなし表現 です

卵にハムかベーコンをおつけいたしましょうか？

🟢 Do you want ham or bacon on the side with your eggs?
🎩 Would you like to have some ham or bacon on the side?

卵のゆで加減はいかがなさいますか？

🟢 How long do you like your eggs boiled?
🎩 How long would you like your eggs boiled?

ステーキの焼き具合はいかがいたしましょうか？

🟢 How do you want your steak?
🎩 ［ステーキはどのように料理いたしましょうか？レア、ミディアムレア、ウェルダンですか？］ How would you prefer to have your steak, rare, medium rare, or well-done?

どんな種類のサラダをご用意いたしますか？

🟢 What type of salad do you want?
🎩 What type of salad shall I offer you, ma'am（女性）/sir（男性）?

ドレッシングは何がよろしいですか？

🟢 What type of dressing do you want?
🎩 What type of dressing may I offer you, ma'am（女性）/sir（男性）?

ジュースは何になさいますか？　トマト、にんじん、グレープフルーツ、オレンジ、りんごの中からお選びいただけます。

🟢 What type of juice do you want? You can choose from tomato, carrot, grapefruit, orange, and apple juice.
🎩 What type of juice would you like to have? You have a variety of choices. We have tomato, carrot, grapefruit, orange, and apple juice.

いちごジャムをご用意いたしますか？

🟢 Do you want strawberry jam?
🎩 May I offer you some strawberry jam, ma'am（女性）/sir（男性）?

どのような種類のパンがお好みですか？

　　　　What kind of bread do you want?
　　　　What kind of bread may I offer you, ma'am（女性）/sir（男性）?

お飲み物は何になさいますか？

　　　　What do you want to drink?
　　　　What kind of drink may I offer you, ma'am（女性）/sir（男性）?

お料理に何かお飲み物をおつけいたしましょうか？

　　　　Do you want to drink anything with your meal?
　　　　［お料理に合う飲物を何かおつけいたしましょうか？］
　　　　May I offer you something to drink with your meal?

ルームサービスの注文を終えるときの表現

ほかに何かございますか？

　　　　Do you need anything else?
　　　　Is there anything else you would like to have?

ご注文を確認いたします。

　　　　Let me read back your order.
　　　　I'll read back your order to make sure I have everything, ma'am（女性）/sir（男性）.

朝食は何時ごろお部屋にお持ちいたしましょうか？

　　　　When can I bring your breakfast to your room?
　　　　What time would you like to have your breakfast delivered［brought up］to your room?

ご指定のお時間にお料理をお持ちいたします。

　　　　We will bring your meal at the appointed time.
　　　　We will bring your order［meals］at the time you requested.

　　　　　　　　　　　　　　は 日常表現、　　は おもてなし表現です

何かご質問がございましたら、遠慮なくオペレーターへお申しつけください。

🟢 If you have any questions, feel free to ask the order taker.

👔 Please feel free to contact the order taker at any time with further questions that you might have.

15分以内にお届けいたします。

🟢 Room service will bring [deliver] your meal within 15 minutes.

👔 Your meal will be delivered by room service within 15 minutes.

すぐにお届けいたします。

🟢 Room service will deliver your breakfast immediately.

👔 Room service will serve your breakfast right away, ma'am（女性）/ sir（男性）?

＊参考文献『仕事現場の英会話──ホテル編──』（インターコンチネンタル・ホテル・アカデミー編／DHC）

Lesson 2
外国人観光客を迎える「おもてなし英語」

👕 は日常表現、🤵 はおもてなし表現です。※無印は、特に区別がない表現です。

レストラン／飲食店の「おもてなし英語」
―従業員の基本フレーズ―

1. 予約制のあるレストラン

ご予約のお客様の来店

いらっしゃいませ、ご予約のお客様でしょうか？

👕 Good morning/afternoon/evening. Do you have a reservation?
🤵 Welcome to（店名）. Do you have a reservation?

お名前をうかがってよろしいでしょうか？

👕 What's your name?
🤵 May I have your name?

ウィリアムズ様ですね、お待ちしておりました。

👕 Mr. Williams, we have been looking forward to your visit.
🤵 ［ウィリアムズ様のお名前でご予約を承っております。お待ちしておりました。］
We have a reservation under your name, Mr. Williams. We have been expecting you, sir.

こちらへどうぞ、お席へご案内します。

👕 This way, please. I'll guide you to your table.
🤵 Come this way, please. May I escort you to your table?

ご予約のないお客様の来店

ご予約ではありませんね。それではすぐにお席をご用意します。

🟢 You don't have a reservation. We'll get a table ready for you immediately.

🥋 ［ご予約を承っていませんが、問題ございません。お席をすぐにご用意いたします。］You have no reservation, but that's fine. Your table will be ready shortly.

申し訳ありません。今日は予約でいっぱいです。

🟢 We're sorry. We are full today.

🥋 ［大変申し訳ございません。本日はご予約でいっぱいでございます。お許しいただけるようでしたら、近隣の私が推薦できるレストランをご紹介させていただいてもよろしいでしょうか？］We're terribly sorry. We have many reservations for today. However, if you allow me, may I introduce another restaurant that I can recommend nearby?

ご注文をうかがう

ご注文はお決まりですか？お決まりになりましたらお呼びください。

🟢 Have you already decided your order? Call me when you are ready.

🥋 Are you ready to order now, ma'am（女性）/sir（男性）? When you are ready, please call me.

メニューを見るのをお手伝いしましょうか？

🟢 Can I help you with the menu?

🥋 ［お許しいただけるようでしたら、メニュー選びをお手伝いさせていただきましょうか？本日のおススメは白いんげんの冷製スープでございます。］
If you permit me, may I help you choose from the menu? Today's special is a cold soup made of white kidney beans.

何か食べられないものはありますか？

　👕 Is there anything you can't eat?
　👔 ［何か食べられないものがありましたら、事前にお知らせください。］
　　If there is anything you can't eat, please tell us in advance.

食物アレルギーはとくにございませんでしょうか？

　👕 Are you allergic to anything?
　👔 ［食物アレルギーがある場合は、事前にお知らせください。］
　　If you are allergic to any specific food, please give us prior notice.

最初に何か飲み物をお持ちいたしましょうか？

　👕 Can I bring something to drink first?
　👔 ［最初に何か飲み物をお持ちいたしましょうか？何かいつもお飲みの物はございますか？］ Can I offer you something to drink first? Any particular regular drink for you?

ワインのメニューはこちらです。

　👕 Here is the wine list.
　👔 ［ワインのメニューはこちらでございます。赤と白はどちらがお好みですか？どこか好きな産地はございますか？］
　　This is the wine list, ma'am（女性）/sir（男性）. Which would you prefer, red wine or white wine? Do you have any favorite country for wine?

前菜はいかがですか？

　👕 How about an appetizer?
　👔 Would you like to have an appetizer?

主菜はいかがいたしますか？

　👕 How about the main dish?
　👔 What would you like for your main dish?

👕 は 日常表現、👔 は おもてなし表現 です

Lesson 2　外国人観光客を迎える「おもてなし英語」　163

本日のシェフのおすすめは、こちらのメニューです。

　　Here is the menu of today's chef's recommendation.

　　This is the menu of today's chef's recommendation, ma'am（女性）/ sir（男性）.

パンとライスはどちらにされますか？

　　Which do you prefer, bread or rice?

　　Which one would you like to have, bread or rice?

ご注文をきいた後で

それではすぐにご用意いたします。

　　We'll bring it right away.

　　Your order will be ready shortly.

熱々の出来立てをお楽しみください。

　　Please enjoy the hot and freshly made dishes.

　　I hope you enjoy the hot and freshly made dishes.

食事をお出しする

お待たせいたしました。お食事でございます。どうぞ素敵な時間をお過ごしください。

　　I'm sorry to have kept you waiting. This is your meal. Please enjoy.

　　［大変お待たせいたしました。お食事でございます。どうぞ素敵な時間をお楽しみください。］I'm terribly sorry to have kept you waiting. This is your meal. I hope you enjoy your meal.

当レストランでは有機栽培の野菜を使用しています。

　　Our restaurant uses organic vegetables.

契約農家から直接仕入れた野菜のみ使用しておりますので、安心して食べられます。

> 🟢 We use only vegetables directly supplied from contracted farmers. That's why these vegetables are safe to eat.
>
> ⬛ We use only vegetables directly purchased from contracted farmers. Therefore, you can eat them with no worries.

食事をお出しした後で

こちらのお皿はお下げしてもよろしいでしょうか？

> 🟢 Can I take your plate?
>
> ⬛ Would it be all right with you if I take this plate?

お水のおかわりをおつぎいたしましょうか？

> 🟢 Do you want more water?
>
> ⬛ Shall I pour some more water for you?

デザートはいかがでしょうか？よろしければメニューをお持ちいたします。

> 🟢 How about dessert? If you want, I will bring the dessert menu.
>
> ⬛ Would you like to have dessert? If you would, I will bring the dessert menu.

コーヒーと紅茶はどちらがよろしいでしょうか？

> 🟢 Do you want coffee or tea?
>
> ⬛ Would you like to have coffee or tea?

🟢 は 日常表現、 ⬛ は おもてなし表現です

Lesson 2　外国人観光客を迎える「おもてなし英語」　165

お会計

(お客様からお会計の合図をうける)
かしこまりました。伝票を持ってまいります。

> 🟢 OK. I will bring the bill.
> ⬛ ［かしこまりました。すぐに伝票を持ってまいります。］
> Certainly. I will bring the bill right away.

お支払いは、現金とカードとどちらになさいますか？

> 🟢 How are you going to pay? Cash or credit card?
> ⬛ Would you like to pay by cash or credit card?

現金ですね？かしこまりました。では、お会計はあちらのレジでお願いいたします。

> 🟢 OK. You want to pay by cash. You can pay the bill at that cash register over there.
> ⬛ Certainly. You would like to pay in cash? Please pay for your bill at that cash register.

カードですね？かしこまりました。どうぞそのままお席でお待ちください。

> 🟢 OK. You want to pay by credit card. Please wait at your table.
> ⬛ Certainly. You would like to pay by credit card? Could you just wait at your seat?

領収書のお宛名はいかがいたしましょうか？

> 🟢 How about the name on the receipt?
> ⬛ What name would you like me to write on the receipt?

エクセレントクリエーションでございますね。申し訳ありませんが、こちらの紙に英語のスペリングを書いていただけませんでしょうか？

> 🟢 The name is Excellent Creation. I'm sorry. Could you write that on this paper?
> ⬛ The receipt is to be made out to Excellent Creation. Can I trouble you to write that on this paper?

ありがとうございました。お帰りのタクシーをお手配いたしましょうか？

🟩 Thank you. May I call for a taxi to bring you home?

🎽 ［まことにありがとうございました。お帰りのタクシーをお手配いたしましょうか？］Thank you so much. Shall I call for a taxi to bring you back home?

お見送り

ウィリアムズ様、ご来店いただき、まことにありがとうございました。お忘れ物はございませんでしょうか？

🟩 Mr. Williams, thank you very much for coming. Did you leave anything?

🎽 ［ウィリアムズ様、ご来店いただき、まことにありがとうございました。お席に忘れ物がないかどうか、確認されましたか？］Mr. Williams, thank you so much for coming. Did you check if you left anything on your table?

またお目にかかれる日を楽しみにしております。お気をつけてお帰りください。

🟩 We look forward to seeing you again. Please return home safely.

🎽 ［またお目にかかれる日を心から楽しみにしております。無事にご帰宅されることを祈っております。］We heartily look forward to seeing you again. We hope you go home safe and sound.

🟩 は 日常表現、 🎽 は おもてなし表現 です

Lesson 2　外国人観光客を迎える「おもてなし英語」　*167*

2. 一般的な飲食店（個人店、ファミリーレストランやラーメン屋さんなど）

お客様の来店

いらっしゃいませ。

 Hello.
 ［お早うございます / こんにちは / こんばんは］。いらっしゃいませ。
 Good morning/afternoon/evening. May I help you?

何名様ですか？

 How many people?
 How many people are there in your party?

禁煙席と喫煙席、どちらになさいますか？

 Non-smoking seat or smoking seat?
 Would you like a non-smoking seat or smoking seat?

カウンター席でもよろしいでしょうか？

 Are you all right with a counter seat?
 ［カウンター席でもよろしいでしょうか？お席のご希望はありますか？］
 Is a counter seat all right with you? Do you have any preference about seating?

満席の場合

申し訳ありませんが、ただいま満席です。

 We are sorry. We are full now.
 ［申し訳ありません。ただいま満席ですが、近隣のお店のご予約をいたしましょうか？どんなお料理がお好きですか？］
 We are terribly sorry. We don't have any tables available now. However, shall I reserve a restaurant nearby? What kind of cuisine do you like?

相席でもよろしいでしょうか？

🟩 Is it OK for you to share a table?

🤵 ［お気になさらければ、相席でもよろしいでしょうか？］
If you don't mind, is it all right with you to share a table?

こちらにお名前をお書きになってお待ちください。

🟩 Please write your name here and wait a second.

🤵 Could you kindly write your name here and wait for a moment?

30分ほどお待ちいただきます。

🟩 The wait is around 30 minutes.

🤵 Do you mind waiting for approximately 30 minutes?

ご注文をとる

ご注文はお決まりですか。

🟩 What can I get you?

🤵 Are you ready to order, ma'am（女性）/sir（男性）?

ご注文が決まりましたら、このブザーでお知らせください。

🟩 When you have decided, please press this buzzer.

🤵 When you are ready to order, could you please press this buzzer?

ご注文を繰り返します。ラーメンが2つとギョーザが1皿ですね、以上でよろしいでしょうか？

🟩 I will repeat your order. Two ramen noodles and one order of pot stickers. That's it?

🤵 I will repeat your order. Two ramen noodles and one order of pot stickers. Is that everything you ordered?

🟩 は 日常表現、 🤵 は おもてなし表現です

サラダバーとドリンクバーは奥にありますので、ご自由にお召し上がりください。

🟢 The salad bar and drink bar are in the back. Please help yourself.

⬛ ［サラダバーとドリンクバーは奥にありますので、ご自由にお取りいただき、お食事をお楽しみください。］
You'll find the salad bar and drink bar in the back. Please help yourself and enjoy your meal.

ご注文をお出しする、お下げする

お待たせいたしました。ラーメンが2つとギョーザが1皿です。ごゆっくりどうぞ！

🟢 Sorry to have kept you waiting. Here are the two ramen noodles and one order of pot stickers. Enjoy!

⬛ Thank you for waiting. Here are the two ramen noodles and one order of pot stickers. Take your time and enjoy your meal!

こちらのお皿はお下げしてもよろしいでしょうか？ごゆっくりどうぞ。

🟢 Can I remove this plate? Please take your time.

⬛ Would it be all right with you if I take this plate? Please take your time and enjoy!

まもなくラストオーダーになりますが、よろしいでしょうか？

🟢 We will be taking last orders soon. Is everything OK?

⬛ ［まもなくラストオーダーになります。何か追加注文はありますか？］
The kitchen is about to close. Is there anything more you would like to order?

お会計

ラーメンが2つとギョーザが1皿で 2,500 円です。

🟢 Two ramen noodles and one order of pot stickers. In total, two thousand, five hundred yen.

⬛ For two ramen noodles and an order of pot stickers, it will be two thousand, five hundred yen in total.

3,000円をお預かりします。500円のお返しです。こちらは次回のサービス券です。どうぞまたご利用ください。ありがとうございました。

🟢 Out of three thousand yen. Here is five hundred back. This is a service ticket for the next time. Please come again. Thank you.

👘 ［3,000円をお預かりします。500円のお返しとなります。こちらは次回のサービス券です。またのご利用を心よりお待ちしております。まことにありがとうございました。］

That's three thousand yen. So, the change will be five hundred yen. I will give you a service ticket for the next time. We heartily look forward to seeing you again. Thank you so much for coming.

🟢 は 日常表現、 👘 は おもてなし表現です

Lesson 2　外国人観光客を迎える「おもてなし英語」　*171*

テーマパークの「おもてなし英語」
従業員の基本フレーズ

入口にて

○○遊園地へようこそ、いらっしゃいませ。

> 👕 Welcome to the ○○ amusement park. Can I help you?
>
> 🥋 Welcome to the ○○ amusement park. How may I help you, ma'am（女性）/sir（男性）?

どうぞお楽しみください。

> 👕 Please enjoy.
>
> 🥋 I hope you enjoy your time here today.

園内の地図をご利用ください。

> 👕 Please make use of the map placed inside the park.
>
> 🥋 You are welcome to have a look at the map that is located in the park.

園内ですれ違ったお客様に対して

いらっしゃいませ。何かお手伝いがあれば、どうぞおっしゃってください。

> 👕 Can I help you? If there is anything you need, please let me know.
>
> 🥋 How may I help you, ma'am（女性）/sir（男性）? Please let me know if you need some help.

今日は雨が降っているので、お足元にどうぞ気を付けてください。

> 👕 Today, it's raining, so please watch your step.
>
> 🥋 ［今日は雨が降っているので、ぬれた地面で滑らないようにお気をつけください。］
> It is a rainy day today, so please take care not to slip on the wet ground.

乗り場にてチケットをいただくときに

いらっしゃいませ。
- 👕 Can I help you?
- 🤵 How may I help you, ma'am（女性）/sir（男性）?

2名様でよろしいですか？ チケット2枚、拝見いたします。
- 👕 For two people? Let me see your two tickets, please.
- 🤵 For two guests? May I check your two tickets?

お写真を撮ってあげるとき

よろしかったら、お写真をお撮りしますよ。
- 👕 Let me take a picture, if you want.
- 🤵 If you would like, I can take your picture.

はい、チーズ。
- 👕 Say cheese.
- 🤵 Please smile at the camera.

もう一度撮りますね。
- 👕 I will take one more.
- 🤵 Let me take one more, just in case.

（撮り終わったら）ちゃんと撮れているか確認してください。
- 👕 (After shooting) Please check if it is OK.
- 🤵 (After shooting) May I suggest that you confirm the picture was properly taken?

園内で困った様子のお客様に対して

何かお困りですか？
- 👕 Is everything alright?
- 🤵 Do you need any help?

👕 は 日常表現、 🤵 は おもてなし表現です

Lesson 2　外国人観光客を迎える「おもてなし英語」

何かお手伝いいたしましょうか？

　Is there anything I can do for you?
　Shall I help you with something?

何か落とされましたでしょうか？

　Did you drop something?
　It looks like you dropped something.

わからないことがありましたら、遠慮なく聞いてくださいね。

　Please ask me if there is something you don't know about.
　Please don't hesitate to ask me if there is anything you aren't sure about.

園内で具合の悪そうなお客様に対して

お子様のご気分はいかがですか？

　How is your child feeling?
　Is your child feeling better?

ご気分が悪ければ救護員をお呼びします。

　We will call for an aid if you are not feeling well.
　We will ask an aid to come if you are not feeling well.

お大事になさってください。

　Take care of yourself.
　Please take good care of yourself.

お客様から場所を聞かれて

（地図を広げ、指をさしながら）はい、○○アドベンチャーはこの場所になります。
ここからですと、まっすぐ行って、橋を渡ったら左に曲がると見えてきます。

> 👕 (spreading out a map and pointing) Yes. Here is ○○ Adventure. From here, if you go straight, then cross a bridge and turn left, you will see the place.

> 🤵 (spreading out a map and pointing) Yes, ma'am（女性）/sir（男性）. This is the place called ○○ Adventure. From here, if you go straight, cross a bridge and turn left, you will arrive at ○○ Adventure.

待ち時間を聞かれて

大変申し訳ありません。現在 50 分待ちとなっています。

> 👕 We're terribly sorry. There is a 50-minute wait.

> 🤵 We deeply apologize, but you need to wait for 50 minutes to get on.

予約制度もございます。

> 👕 We also have a reservation system.

> 🤵 We also offer our guests a reservation system.

すいているアトラクションもあります。もしまだでしたら、そちらを先にお乗りになられてはいかがですか？

> 👕 There are some attractions which are not crowded. If you have not tried them yet, why don't you ride them first?

> 🤵 We have some attractions where there is no waiting. If you have not ridden them yet, it might be a good idea to ride them first.

観覧車乗り場にて

この観覧車は 1 周 13 分です。

> 👕 One time around on this Ferris wheel takes 13 minutes.

> 🤵 You will enjoy this Ferris wheel which takes 13 minutes to go around once.

👕 は 日常表現、 🤵 は おもてなし表現です

どうぞごゆっくりお楽しみください。

> 🟢 Please take your time and enjoy.
>
> ⬛ ［最後まで、どうぞごゆっくりお楽しみください。］
> I hope you take your time and enjoy it to the very end.

ジェットコースター乗り場にて

本日は快晴なので、頂上付近では富士山が見えるかもしれません。お見逃しなく！

> 🟢 Today is a beautiful sunny day. You may be able to see Mt. Fuji from the top. Don't miss it!
>
> ⬛ On a clear day like this, you can see Mt. Fuji from the top. Please don't miss this chance.

メリーゴーランドに乗っている子供のお付添いの大人の方に

大人の方はお子様の隣に立って、しっかり支えてあげてくださいね。

> 🟢 Adults should stand next to children to support them securely.
>
> ⬛ Please kindly hold your children steady by standing right next to them.

お断わりを伝える

申し訳ありませんが、乗り物の中では飲食はご遠慮ください。

> 🟢 Sorry. Please refrain from eating or drinking on the ride.
>
> ⬛ We are sorry, but no eating or drinking is permitted on the ride.

8歳未満のお子様には大人のお付添いが必要になります。お付添いの方は無料です。

> 🟢 Children under the age of 8 need to be accompanied by an adult, who will be able to ride free of charge.
>
> ⬛ An adult must accompany children under the age of 8. An attendant is admitted free of charge.

〈メリーゴーランドで〉

申し訳ありませんが、二人乗りは禁止です。

> 🟩 We are very sorry, but two people cannot ride this at the same time.
> 🤵 We are sorry, but two people at the same time are not allowed to ride this.

〈ジェットコースターに乗るとき〉

手荷物やポケットから落ちそうなものは、こちらの箱に入れてください。

> 🟩 Please put your belongings that might fall out of your bags or pockets into this box.
> 🤵 Could you kindly put your belongings that might fall out of your bags or pockets into this box, please?

お客様をお見送りする際の帰りのあいさつ

ご来園、まことにありがとうございました。

> 🟩 Thank you for coming to our park.
> 🤵 It's our pleasure to have you at our park.

またお目にかかれますように。

> 🟩 We hope to see you again.
> 🤵 We are looking forward to seeing you again.

お気をつけてお帰りください。

> 🟩 Please have a safe trip home.
> 🤵 We hope you go back home safe and sound.

🟩 は 日常表現、 🤵 は おもてなし表現 です

ブランドショップ／お土産品店の「おもてなし英語」
従業員の基本フレーズ

入口にて

いらっしゃいませ。何かお探しのものがあれば、どうぞお声をかけてください。

🟢 Hello. If there is something you are looking for, please ask me.

🤵 ［いらっしゃいませ。お探しのものをお手伝いしましょうか？ご用があれば遠慮なくお尋ねください。］
How may I help you, ma'am（女性）/sir（男性）? Can I offer to help you find what you are looking for? Please don't hesitate to ask me if you need any help.

お客様がパンツの試着を希望される

かしこまりました。試着室へご案内いたします。

🟢 OK. I will show you to a fitting room.

🤵 ［かしこまりました。私について来てください。試着室へご案内いたします。］
Certainly. Please follow me. I will escort you to a fitting room.

試着されましたら、お声をかけてください。

🟢 Call me when you are ready.

🤵 After you have tried it on, please let me see how it fits.

もう少し大きいサイズがよいかもしれません。すぐにお持ちいたしますので、そのままお待ちください。

🟢 Maybe a bigger size is better. I'll bring it right away, so please wait there.

🤵 Perhaps, you might want to try on a larger size to see. It just might fit you better. It will take me just a minute to go and get it. Please wait right where you are.

ぴったりです。お客様の雰囲気にとてもよく似合っていますよ。

🟢 Perfect. It looks very good on you.

👔 It fits you perfectly and really matches your style.

このパンツは、日本で今年一番の流行となっています。

🟢 These pants are the most popular ones in Japan.

👔 These pants have now become the trend of the year in Japan.

もしよろしければ、パンツに合うトップスもいかがでしょうか？

🟢 If you don't mind, do you want to try on some tops to go with the pants?

👔 If you would like, how about trying on some tops to match the pants?

こちらのトップスは藤色といって、日本の伝統色です。日本限定のデザインになっております。

🟢 The color of this top is called lilac, a traditional Japanese color. The design is a limited edition only for Japan.

👔 ［こちらのトップスは、日本の伝統色として知られている藤色と呼ばれるお色でございます。ご参考までに、こちらは日本限定のデザインになっております。］
The color of this top is called lilac, and it's one of the traditional colors used in Japan. For your information, this was designed only for sale in Japan.

お客様、本日はご来店ありがとうございました。今お召しになっている白のスカーフも私どものブランドですね。どうぞまたお越しください。

🟢 Thank you for coming today. The white scarf you are wearing now is also our brand, isn't it? Please come again.

👔 ［お客様、本日はご来店ありがとうございました。私どものブランドの白いスカーフを本日お召し下さり、光栄でございます。どうぞまたお立ち寄りいただければと思います。］Thank you for visiting our shop today, ma'am（女性）/sir（男性）. Oh, I am so pleased to see that the white scarf you are wearing is part of our brand's collection. I hope you'll stop by our store again.

🟢 は 日常表現、 👔 は おもてなし表現 です

お客様が日焼け止めの化粧品を希望される

お客様はどちらの国から来られましたか？日本の夏はとても暑いですよね。

> Where are you from? The summer in Japan is very hot, isn't it?

> [お客様はどちらの国からお越しか、お聞きしてもよろしいですか？ 日本の夏はとても暑いですよね。]
> May I ask which country you come from? I suppose the summer in Japan is very hot for you, isn't it?

こちらの BB クリームがよく売れています。100％オーガニックでお肌に優しい商品です。

> This BB cream is selling pretty well. This product is 100% organic and is gentle to your skin.

> [こちらの BB クリームがよく売れています。100％オーガニックでお肌に優しい商品です。アレルギーの方でもご使用いただけます。]
> This BB cream is extremely popular and one of our best-selling products. It's 100% organic and very gentle to all skin types. So, even people who have allergies can use it.

手の甲に少しつけてみますね。いかがですか、お肌の感じは。

> I will put some on the back of your hand. How does it feel?

> [手の甲に少しつけてもよろしいですか？いかがですか、お肌の感じは。]
> May I put a little on the back of your hand? What do you think about the smooth feel?

こちらのオイルは、グレープフルーツのような甘酸っぱい香りが楽しめます。

> If you use this oil, you can enjoy a bittersweet fragrance like grapefruit.

> When you use this oil, you'll find yourself immersed in a bittersweet fragrance like that of grapefruit.

お客様がプレゼント用のネクタイを希望される

ネクタイをお探しですね。どなたかへのプレゼントですか?

🟢 You are looking for a tie, right. Is it for a gift?

🤵 You seem to be looking for a tie, I see. Are you going to give it as a gift to somebody, ma'am（女性）/sir（男性）?

お父様ですね。かしこまりました。お父様のご趣味の色やデザインはおわかりですか?

🟢 To your father? OK. Do you know your father's favorite color or design?

🤵 ［お父様ですね。かしこまりました。お父様がお好きな色やデザインのヒントをいただけますか?］
Oh, you are going to give it to your father. Certainly. Could you tell me something about your father's preference in color or design?

ご予算はおいくらぐらいでしょうか?

🟢 How much is your budget?

🤵 May I ask how much you are thinking of spending?

それでしたら、こちらの商品が一番のおすすめです。シルク100％で、とても上品なネクタイです。

🟢 If so, I highly recommend this one. It's 100% silk and a very elegant tie.

🤵 If so, this tie is the most recommendable because it is made of 100% silk and has a very elegant feel to it.

プレゼント用のリボンは何色がよろしいですか?赤、青、緑とあります。

🟢 Which color of ribbon do you want for your gifts? We have red, blue and green.

🤵 ［プレゼント用のリボンは何色がよろしいですか?赤、青、緑から選べます。］
Which color of ribbon would you like to have your gifts wrapped in? You can choose from red, blue and green.

🟢 は 日常表現、 🤵 は おもてなし表現です

お客様がデジタルカメラを希望される

デジタルカメラですね。特にご希望のメーカーはございますか？

🟢 Oh, a digital camera. Are you looking for a specific brand?

⬛ I see you are looking for a digital camera. Do you have a preference for any particular brand of camera?

3種類をご用意しました。一番小型な物、一番お安い物、一番売れている物です。この中から選んでみてはいかがでしょうか？

🟢 I brought three kinds. The smallest one, the cheapest one, and the best-selling one. How about choosing from here?

⬛ ［3種類をご用意しました。一番左は、一番小型な物。中央は、一番お安い物。一番右は、一番売れている物です。この中から一番お好きな物を選んでみてはいかがでしょうか？］
I brought three cameras to show you. The one on the far left is the smallest one. The one in the center is the most economical one. The one on the far right is our best-selling camera. How about choosing the one you like the most from among these?

説明書は日本語ですが、メーカーのホームページ（ウェブサイト）に英語の説明が書かれています。

🟢 The instructions are in Japanese. However, if you go to the camera maker's website, you'll find instructions written in English.

⬛ ［使用説明書は日本語ですが、メーカーのホームページ上で英語の説明を読めます。］The user's instructions are written in Japanese. However, you can find instructions in English on the manufacturer's website.

日本の製品はていねいに作られていますので、長くお使いいただけます。

🟢 Since Japanese products are carefully made, you can use them for a long time.

⬛ ［日本の製品はていねいに作られていますので、一生お使いいただくのに向いています。］Products made in Japan are manufactured with a lot of care. Therefore, they're good for a lifetime.

お弁当箱売り場にて

（お客様が、お弁当箱の種類の多さに驚いたところ）今、日本ではキャラ弁といって、お弁当でキャラクターの顔をつくることがお母さんたちの間でとても流行っています。毎日のお弁当を写真に撮ってブログにのせている人もいます。

> 🟩 Currently, making characters' faces in boxed lunches, called "charaben," is becoming so popular among mothers in Japan. There are people who take pictures of these every day boxed lunches and post them onto blogs.

> 🤵 Nowadays, lots of mothers are fascinated with making characters in a lunch box in Japan. They are called "charaben." The mothers take pictures of boxed lunches every day and post them on blogs.

日本のお土産に、お弁当箱は喜ばれますよ。

> 🟩 People will be pleased with a lunch box as a souvenir from Japan.

> 🤵 ［日本のお土産に、お弁当箱は喜ばれると聞いています。］I heard that people love to receive lunch boxes as souvenirs from Japan.

スギやヒノキでつくられた、木の匂いのするお弁当箱も人気商品です。

> 🟩 Lunch boxes made of Japanese cedar or Japanese cypress with a woody smell are also popular.

> 🤵 Lunch boxes made of Japanese cedar or Japanese cypress are also the selling products. You can even smell the wood they are made of.

ご一緒にお箸はいかがですか？日本の和食文化を体験するには是非、お箸を使ってみてください。

> 🟩 How about chopsticks together? If you want to experience Japanese food culture, I recommend that you use chopsticks.

> 🤵 Would you like a pair of chopsticks to go with that? If you want to be in touch with Japanese food culture, I would definitely recommend that you try chopsticks.

🟩 は 日常表現、 🤵 は おもてなし表現です

Lesson 2　外国人観光客を迎える「おもてなし英語」

食品サンプル売り場にて

(お客様が、食品サンプルの精巧さに驚いたところ) 海外のガイドブックでは、日本の食品サンプルがたいへんな話題のようです。パッと見ただけでは偽物だとは見分けがつきませんね。

> 🟩 In foreign guidebooks, Japanese food samples seem to attract lots of attention. You can't tell the difference from the imitations at first sight.

> 🧥 In foreign guidebooks, many people are fascinated with Japanese food samples because the samples look so much like the real food, that you can't tell them apart at first sight.

お土産の中ではお寿司のサンプルが人気です。特にキーホルダーやマグネットをお土産に買う方が多くなっています。

> 🟩 Among souvenirs, sushi samples are really popular. Especially, more and more people tend to buy key chains or magnets with sushi samples as souvenirs.

> 🧥 ［さまざまなお土産の中では、お寿司のサンプルが人気です。日本らしさを象徴しているからかもしれません。特にキーホルダーやマグネットをお土産に買う方が多くなっています。］
> Out of all the souvenirs sold in Japan, sushi samples are popular. Maybe that's because they represent something typically Japanese. Particularly, many more people are buying key chains or magnets with sushi samples as souvenirs.

マグネットのお土産で冷蔵庫に切った魚が泳いでいたら、ご家族の方はびっくりするはずです。

> 🟩 If you put souvenirs of sliced-fish magnets on a refrigerator, your family will be surprised because they look like they are swimming.

> 🧥 ［マグネットのお土産で冷蔵庫に切った魚が泳いでいたら、ご家族を驚かすことができると思いますよ。］
> I guess you can surprise your family if they see sliced-fish magnet souvenirs swimming on a refrigerator.

浴衣 (ゆかた) 売り場にて

お客様、花火大会を見学であれば、是非、浴衣を着てみてはいかがでしょうか？

🟢 If you are planning to see a fireworks display, how about wearing a Japanese summer kimono called a yukata?

👘 [お客様、花火大会を見学であれば、浴衣を着るとより日本の夏を感じますよ。]
Ma'am（女性）/Sir（男性）, when you go to see a fireworks display, you will get a true feel of Japanese summer if you wear a Japanese summer kimono called a yukata.

外国の方におすすめの浴衣があります。誰でも簡単に着られるように、帯がマジックテープ®で留められるようになっています。

🟢 We have a yukata that I can recommend for foreigners. You can fasten the waistband with Velcro. That makes it easy to wear for anyone.

👘 [当店には外国の方に自信を持っておすすめできる浴衣があります。こちらは誰でも簡単に着られるように、帯がマジックテープ®で留められるタイプの浴衣です。]
Our store has a yukata that we can recommend for foreigners with confidence. That is because this yukata has a waistband, or obi, that you can fasten with Velcro. It's so simple to put on, and anyone can do it.

ご試着されますか？色は赤から黒まで6色ありますので、お好きな色をお選びください。

🟢 You want to try this on? We have six colors, ranging from red to black. You can choose your favorite color.

👘 Would you like to try this on? It comes in six colors, from red to black. So, you can choose your favorite color.

浴衣が黒でも、帯を黄色や赤にすることで華やかに見えますよ。

🟢 Even if you choose a black yukata, you will look fantastic if you wear a yellow or red waistband.

👘 [浴衣が黒でも、帯を黄色や赤にすることでものすごく華やかに見えますよ。]
You will look awfully lavish when you choose a yellow or red waistband even if the yukata is black.

🟢 は 日常表現、 👘 は おもてなし表現です

Lesson 2 　外国人観光客を迎える「おもてなし英語」

お客様、お足元はいかがしましょうか？浴衣にはゲタという木でできたサンダルを履きますが、ゲタも履いてみましょうか？

> What about shoes? Japanese people usually wear wooden sandals called "geta" that go with yukata. Do you want to try on a pair?

> Ma'am（女性）/Sir（男性）, how about shoes? When Japanese people wear yukata, they usually wear wooden sandals that look nice and suit yukata. Would you like to try on a pair?

浴衣とゲタのセットでのご購入、ありがとうございます。浅草や上野などの東京の下町を浴衣姿で歩かれたら、本当の日本人になったような気分になれることと思います。

> Thank you for buying a set of yukata and geta. If you walk around the traiditional downtown areas of Tokyo such as Asakusa or Ueno wearing a yukata, you'll feel like a real Japanese.

> Thank you so much for purchasing a yukata together with the pair of geta. I hope you feel like becoming a real Japanese when you walk around wearing a yukata in the traditional downtown areas of Tokyo such as Asakusa or Ueno.

＊参考文献：リサ・ヴォート『もう困らない！「英語で接客」ができる本』(大和書房)

第Ⅲ部【ガイド編】

東京周辺スポットを「おもてなし英語」で案内しよう！

▷音声、無料ダウンロード

東京周辺スポットを「おもてなし英語」で案内しよう!

外国のお客様に、観光スポット、デパート、飲食店を、より魅力的に紹介します。
ホテル滞在のお客様には、オリジナルな「おすすめコース」をご用意します。

東京周辺の観光スポット

- 御茶ノ水 Ochanomizu
- 秋葉原 Akihaba
- 新宿 Shinjuku
- 新宿御苑 Shinjuku gyoen
- 四ツ谷 Yotsuya
- 皇居 Imperial Palace
- 東京駅 Tokyo Station
- 明治神宮 Meiji jingu
- 明治神宮外苑 Meiji jingu gaien
- 日比谷 Hibiya
- 有楽町 Yurakucho
- 銀座 Ginza
- 原宿 Harajuku
- 築地 Tsukiji
- 六本木 Roppongi
- 渋谷 Shibuya
- 麻布 Azabu
- 浜離宮 Hamarikyu
- 東京タワー Tokyo Tower
- 浜松町 Hamamatsucho
- お台場 Odaiba

鎌倉・箱根・富士山

- 相模原市 Sagamihara
- 富士山 Mt.Fuji
- 箱根 Hakone
- 横浜市 Yokohama
- 小田原市 Odawara
- 鎌倉 Kamakura
- 芦ノ湖 Ashinoko
- 東海道新幹線 Tokaido shinkansen

銀座・築地

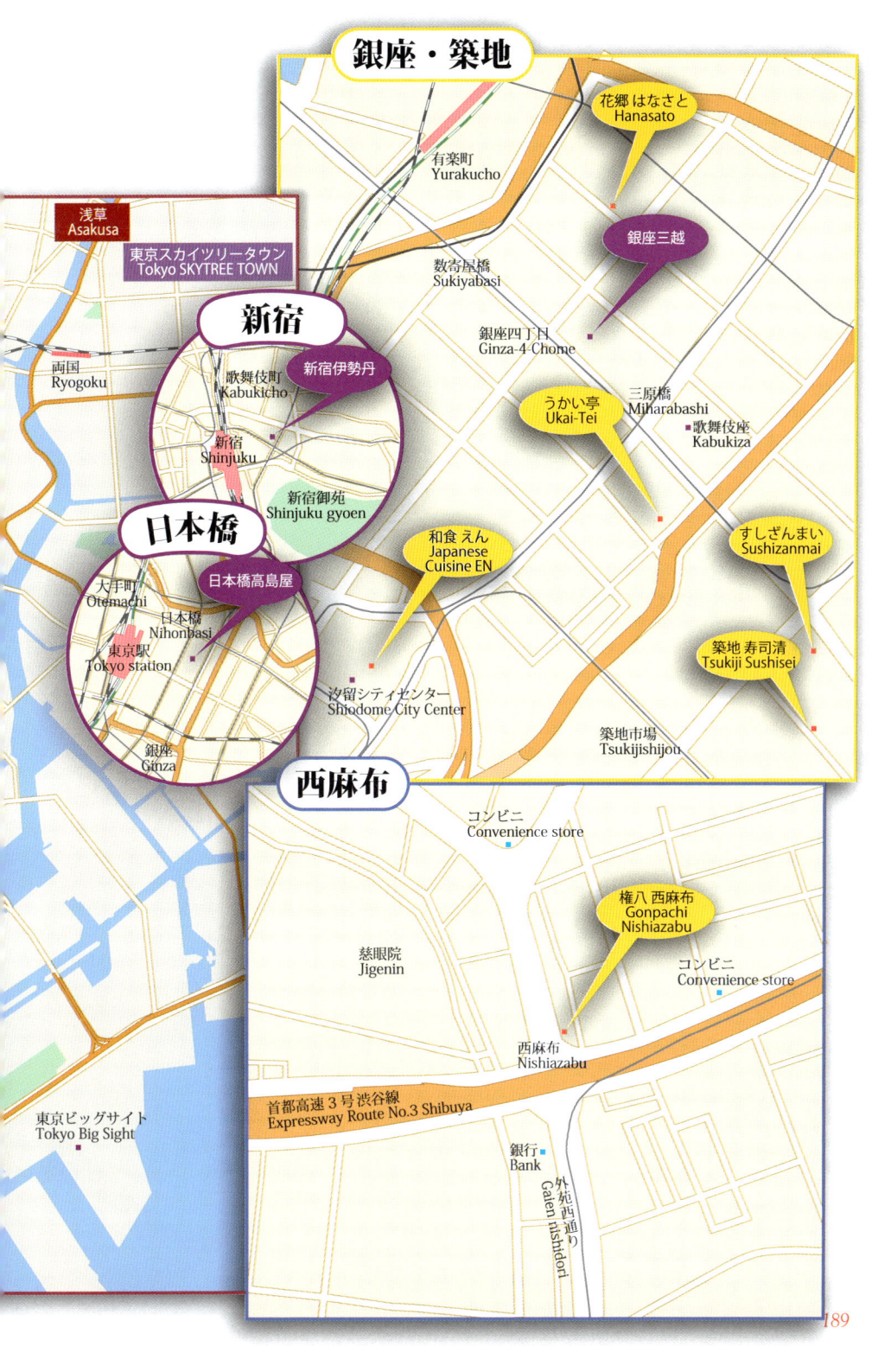

- 花郷 はなさと Hanasato
- 銀座三越
- 有楽町 Yurakucho
- 数寄屋橋 Sukiyabasi
- 銀座四丁目 Ginza-4 Chome
- うかい亭 Ukai-Tei
- 三原橋 Miharabashi
- 歌舞伎座 Kabukiza
- 和食 えん Japanese Cuisine EN
- すしざんまい Sushizanmai
- 築地 寿司清 Tsukiji Sushisei
- 汐留シティセンター Shiodome City Center
- 築地市場 Tsukijishijou

浅草 Asakusa

- 東京スカイツリータウン Tokyo SKYTREE TOWN
- 両国 Ryogoku

新宿

- 新宿伊勢丹
- 歌舞伎町 Kabukicho
- 新宿 Shinjuku
- 新宿御苑 Shinjuku gyoen

日本橋

- 日本橋高島屋
- 大手町 Otemachi
- 日本橋 Nihonbasi
- 東京駅 Tokyo station
- 銀座 Ginza

西麻布

- コンビニ Convenience store
- 権八 西麻布 Gonpachi Nishiazabu
- 慈眼院 Jigenin
- コンビニ Convenience store
- 西麻布 Nishiazabu
- 首都高速3号渋谷線 Expressway Route No.3 Shibuya
- 銀行 Bank
- 外苑西通り Gaien nishidori

- 東京ビッグサイト Tokyo Big Sight

189

東京タワー

老若男女が楽しめる東京のシンボル。
昼は展望台（150mと250m）からの絶景、夜はタワーのライトアップが楽しめます。夜、照明が消える瞬間に立ち会ったカップルは、永遠に幸福になれるというライトダウン伝説も有名。
東京タワーの足元にある「とうふ屋うかい」は非常に人気が高く、日本人だけでなく外国人のお客様からも大変好評な豆腐の専門店です。

浜松町／浜離宮

旧芝離宮、浜離宮は17世紀からの江戸時代の大名庭園。ビル群とのコントラストはまさに都会のオアシス。
日本最古の松や季節の植物が彩る広大な庭園の散策がおすすめ。
春は満開の桜、秋は紅葉した木々が非常に美しい場所です。浜離宮は桜の前に咲く菜の花でも非常に有名です。
また、浜離宮のお茶屋では予約の必要もなく、お茶体験ができます。お茶の席では抹茶が出されます。型式ばったものではありませんので、外国人の方でも気軽にご利用いただけます。

銀座／有楽町

ファッションと伝統文化が息づく街。
クリスチャンディオールやシャネルなどのラグジュアリーブランドや老舗ギャラリー巡りなど、大人の街歩きにおすすめ。
銀座・有楽町エリアには歌舞伎座や帝国劇場など多数の文化施設もあるので、日本の伝統芸能に触れることもできます。

皇居／東京駅

皇居・東京駅舎をはじめ、新旧の建築スポットを見られるエリア。
皇居散策から丸の内など都会的なショップの集う東京駅周辺でショッピングのコースがおすすめ。
また、東京駅はアンテナショップやラーメンストリートなどのユニークな施設が豊富なので、お土産選びや食事に最適。

お台場

家族で楽しむのにおすすめのウォーターフロント。
大型複合施設が多いお台場ではアトラクションやショッピング、食事まで一日中遊べます。水上バスやモノレール、パレットタウンやレインボーブリッジなどお台場へ行く道中も面白い。
今お台場では一日利用ができるレンタサイクルが人気です。お台場地区内に多数あるレンタルポートから乗車し、違うポートへ返却することができるのでたいへん便利です。大きなかごが付いているので、お買い物にも不自由しません。意外と外国人はサイクリングがお好きなようです。

Tokyo Tower

Tokyo Tower is a symbol of Tokyo, enjoyed by men and women of all ages.

In the daytime, you can appreciate magnificent views from the two observation decks that are at heights of 150 meters and 250 meters, respectively. When lit up at night, Tokyo Tower is an impressive sight to see. There is a legendary story associated with the turning off of the lights at night. It is said that couples who happen to see the very moment when the lights are turned off, live happily forever.

Tofuya Ukai, a restaurant specializing in tofu dishes, located under Tokyo Tower is enormously popular not only among locals but also among foreign tourists.

Hamamatsucho/Hamarikyu

Kyu Shibarikyu and Hamarikyu are two gardens, which used to belong to feudal lords starting from the 17th century. The contrast between the traditional gardens and the cluster of modern, high-rise buildings nearby is what we call a "Downtown Oasis."

The best way to visit the gardens is to take a leisurely stroll through the vast areas where the oldest pines and seasonable plants are growing. In spring, cherry blossoms are in full bloom. In autumn, these two gardens are amazingly beautiful with fall leaves. Hamarikyu is also very famous for its field mustards, which bloom in early spring before the cherry blossoms bloom.

In Hamarikyu Garden you can experience drinking Japanese green tea made of powered leaves, called matcha, in a tea house. Reservations are not needed. Matcha is the tea served at tea ceremonies. When you hear the word "tea ceremony," you might imagine some type of formal ceremony, but the matcha service at the tea house is informal, so foreign visitors can feel free to visit.

Ginza/Yurakucho

This is a city where high fashion and traditional culture coexist.

It is an area that has always catered more to adults, who stroll around luxury, designer-brand shops such as Christian Dior and Chanel and long-established art galleries.

In the Ginza/Yurakucho area, you can experience some traditional Japanese culture and entertainment such as kabuki plays at the Kabukiza Theater, and at the Imperial Theater.

Imperial Palace/Tokyo Station

This is an area where old and new architectural styles can be seen, including the Imperial Palace and Tokyo Station Building.

The best course is to walk around the Imperial Palace and go shopping around Tokyo Station where urban shops are gathered the Marunouchi area.

On top of that, Tokyo Station is the best place for choosing souvenirs and having meals, since there are plenty of unique stores and restaurants such as antenna shops and a "Ramen Street."

Odaiba

Odaiba is a waterfront area recommended as a place for families to have fun.

In the Odaiba area, where there are many large complexes, you can spend a whole day enjoying the attractions, shopping and meals. On your way to Odaiba, it will be interesting for you to see water buses, a monorail, Palette Town, and Rainbow Bridge.

Nowadays, renting bicycles for the whole day is popular among visitors to Odaiba. It is very convenient because you can select any bicycle parked at the countless bicycle pods around Odaiba, ride it, and return it to another pod. The bicycles have large baskets, so you won't have any problems carrying around purchases if you buy too many items. To our surprise, foreign visitors love cycling.

浅草

粋な下町文化を体験できる日本屈指の観光地。
日本ならではのお土産を買ったり、お菓子を食べ歩きしながら浅草寺へお参りするのが定番コース。人力車に乗って浅草の街を探索するのも人気があります。
桜のシーズンに墨田公園へ足を運ぶことは外せません。また、そこから望むアサヒビール本社とスカイツリーの景色は写真を撮りたくなる場所です。おすすめの場所は墨田公園の入り口にある大きな橋「吾妻橋」の手前から撮ることです。
「かっぱ橋」も浅草エリアでは、おすすめスポットの一つ。食器や調理具の調達もできますし、小さな食品サンプルや食べ物の形をしたキーホルダーやUSBメモリーをお土産で買うこともできます。また「つば屋」という包丁店では、包丁に名前を印字してくれます。

東京スカイツリータウン

世界一高い電波塔（634m）スカイツリーを中心とするレジャー・複合施設「東京スカイツリータウン」は東京の最新観光スポット。
350mの展望台はもちろん、水族館やプラネタリウム、各種ショップではお土産も買えて大満足のスポットです。
夜は毎日違うライティングが施され、特に夏季に開かれるビアガーデンでスカイツリーを見上げながら飲むビールは格別。

補足：東京観光バリアフリーコース

車椅子の方でも楽しめるユニバーサルデザインの街と観光地を巡るコース。
コース：東京駅→お台場（パレットタウン大観覧車やダイバーシティ東京）→水上バス→浅草（雷門・浅草寺や人力車）→東京スカイツリー

秋葉原

ポップ・カルチャーを生み出す日本を代表するオタクの聖地。
ヨドバシカメラなどの大型家電小売店での、アニメ関連グッズや家電などのショッピング、メイドカフェなどのコンセプトカフェを訪れるのがこのエリアの定番。
多数行われる若手アイドルのライブ鑑賞もおすすめ。
秋葉原・御徒町間の高架下を再構築してつくられた新施設では日本の伝統芸能を活かしたショップがあり、定期的にものづくり体験ができるワークショップも開催されています。
進化する秋葉原地区で、伝統工芸に触れられるこの場所はたいへん魅力的な場所です。

Asakusa

Asakusais the most famous sightseeing area in Tokyo, where you can experience the chic, "old-town" culture of the city. The most standard sightseeing course is visiting Sensoji Temple, buying traditional Japanese souvenirs, and trying some Japanese confectioneries. It is also highly popular to visit Asakusa while riding in a rickshaw.

In spring, you shouldn't miss the chance to visit Sumida Park, from where you can see fantastic views of the headquarters of Asahi Breweries, Ltd. and SKYTREE. It might be a good idea to take a photo in front of the large "Azuma Bridge" located at the entrance to Sumida Park.

Near Asakusa is an area called "Kappabashi", which is also worth a visit. This is because Kappabashi is famous as an area where dishes, cooking utensils, and kitchen supplies are sold. Also, you can buy souvenirs of food-samples, in addition to key chains and even USB flash drives that form like food. And if you are interested, you can have your name engraved in a knife at a shop called "Tsubaya."

Tokyo SKYTREE TOWN

Tokyo SKYTREE TOWN is Tokyo's newest sightseeing spot. In addition to SKYTREE itself, which is 634 meters high and the world's highest tower, you will find a shopping and entertainment complex built at the foot of SKYTREE.

This area really hit the spots because there are a 350 meter-high-observation deck, plus aquarium, planetarium, and many shops where you can buy souvenirs.

In the night-time, SKYTREE is lit up with different lighting every single night. And looking up at the sight of SKYTREE while drinking a beer at the beer garden, which is only open during summer season will provide you with superior taste.

Supplement: Tokyo Sightseeing Barrier Free Course

For visitors who have mobility issues, there is an excursion enabling access to various locations based on the concept of "universal design."

Course: Tokyo Station → Odaiba (big ferris wheel in Palette Town or DiverCity Tokyo) → water bus → Asakusa（Kaminarimon /Sensoji Temple or rickshaw）→ Tokyo SKYTREE

Akihabara

Akihabara is the "holy land" for geeks (who are called "otaku" in Japanese), as it is the birthplace of Japanese pop culture.

The popular way to visit Akihabara is to go shopping for animation goods, and also home electrical appliances sold in massive consumer-electronics retailers such as Yodobashi Camera. Finally, visit a theme café such as a "maid café."

If you have a chance, seeing a live performance by young, pop idols is recommended.

A new facility, which was constructed under the elevated railway tracks between Akihabara and Okachimachi, has shops featuring Japanese traditional art. On top of that, there are some workshops where you can experience making items on your own. Akihabara is a very attractive place, as you can have a chance to experience traditional crafts in an area that is constantly evolving.

新宿

東京で最もアジア的熱気があり、世界一、人の出入りが多いエリア。伊勢丹や高島屋などの老舗デパートや専門店街でのショッピングや、東京都庁に行って観光情報を入手したり、無料展望台からの絶景を楽しめます。
夜は日本一の歓楽街である新宿で朝まで飲み明かすことができます。最近では新宿ゴールデン街のディープな雰囲気が外国人観光客に人気。
つい最近、歌舞伎町にゴジラが出没しました。新たなランドマークとして人気が集まりそうです。同じ歌舞伎町にある「ロボットレストラン」は今街で最もアツい観光スポットの一つです。
ビジネスの中心地から少し足を延ばせば、新宿御苑があります。
四季折々の花々や木々を楽しめます。

渋谷

下北沢や原宿を含んだ渋谷周辺エリアは、ファッショナブルな若者文化を発信しています。
「カワイイ」ものや最新のスイーツを求める若者にピッタリのエリアです。
明治天皇を祀る明治神宮は観光スポットの一つとして忘れてはいけません。
海外文化が今の日本に浸透しているきっかけは、全て19世紀後半に始まった明治時代に起因しています。
神様が大好きと言われる日本酒と、海外貿易の象徴として洋酒のワインの酒樽が置いてあることは日本人でもあまり知らない豆知識です。
歩き疲れたら、ちょっと足を伸ばして、表参道の緑やおしゃれなカフェで一休みするのもおすすめ。
原宿の駅前から続く竹下通りは、海外からの有名人なども多く訪れる場所です。クッキーの専門店「クッキータイム」は若い世代にたいへん人気があり、平日でも長蛇の列ができるほどです。

六本木／麻布

六本木のランドマークである「六本木ヒルズ」周辺に魅力あるアートスポットが集まるエリア。高級レストランやショップなどが人気の六本木のランドマークと、国立新美術館などのアート散歩、麻布十番の歴史ある商店街を楽しむのがおすすめコース。
ファッショナブルで都会的な大人の街の雰囲気を味わいたい人に最適。

東京ディズニーリゾート（ディズニーランド／ディズニーシー）

言わずと知れたウォルト・ディズニーのテーマパーク。
シンデレラ城にうっとりしつつ、定番のカリブの海賊から最新のアトラクションまで、ディズニーの世界を堪能することができます。パレードは日本でも必見。
パーク内だけでなく舞浜駅前の商業施設イクスピアリでもお土産が購入できるので、もし買い忘れても安心。

Shinjuku

Shinjuku is the most Asian and exciting area in Tokyo. It is the world's most crowded area where lots of people are coming and going.
You can enjoy shopping at well-established department stores such as Isetan and Takashimaya, as well as at specialty stores too. If you go to the Tokyo Metropolitan Government Building, you can get tourist information as well as see a glorious view from the observation deck free of charge.
In the evening, you can stay out and drink until dawn in Shinjuku, the No.1 entertainment district in Japan. Nowadays, the old fashioned ambience of Golden Street is attracting a lot of foreign tourists' attention.
Just recently, Godzilla appeared in Kabukicho, and it seems to have gained a lot of attention as a new landmark. Now, a "Robot Restaurant" located in the same area is one of the hottest attractions in town. Only a short walk from the central business district is Shinjyuku Gyoen, a park where you can appreciate flowers and trees in every season.

Shibuya

Shibuya, including the nearby areas of Shimokitazawa and Harajuku generates fashionable young culture. This area is the perfect place for visitors who are looking for "kawaii culture" items and the latest gourmet sweets.
You can't go to Shibuya without paying a visit to Meiji Jingu (Meiji Shrine), where Emperor Meiji who reigned during the Meiji Period is enshrined. The inflow of foreign culture into Japan all started during the Meiji Period that began in the late 19th century, and continues to this day.
There is some trivia about Meiji Shrine, which even many Japanese don't know. On display at Meiji Shrine are Japanese sake casks and French wine barrels. They are displayed because it is said that god truly enjoys his sake; and the wine barrels are the symbols of foreign trade.
If you get tired walking around, head for the relaxing greenery of tree-lined Omotosando Street and take a rest at one of the fashionable cafés.
Takeshita Street that starts from Harajuku Station is a place where lots of celebrities from overseas visit. A cookie shop called "Cookie Time" is immensely popular with younger people. Even on week days you'll see a long queue winding its way outside the shop's entrance.

Roppongi/Azabu

Roppongi/Azabu is where fascinating art spots are located nearby Roppongi's landmark "Roppongi Hills." The recommended course is to visit popular landmarks such as high-end restaurants and shops in Roppongi and walk around art galleries and museums such as the National Art Center, Tokyo. You can also enjoy the historical shopping street in Azabujuban.
This area perfectly suits for visitors who like to enjoy a fashionable area with an urban feel, but one that caters more to adults.

Tokyo Disney Resort (Disneyland/DisneySea)

Everybody knows the widely popular Walt Disney theme parks.
You can have a chance to experience for yourself the world of Disney by basking in the beauty of Cinderella Castle, riding on the forever popular Pirates of the Caribbean attraction, and enjoying the newest attractions as well. The Disney parades in Japan are also must-see sights.
You may feel safe even when you forget to buy souvenirs because there are shops outside the park where you can buy souvenirs at the commercial facility named IKSPIARI located in front of Maihama Station.

鎌倉

6月のアジサイをはじめ、里山の自然が美しい武家の古都。
鶴岡八幡宮に参拝したら若宮大路や小町通りでの食べ歩きが定番ですが、有名な鎌倉大仏が鎮座する高徳院や長谷寺、あるいは円覚寺などの名所を巡って古都の雰囲気を味わうのもおすすめ。
鎌倉の景色が楽しめる「江ノ電」を利用して、江ノ島や新江ノ島水族館へ移動してもいいでしょう。

箱根

都会の喧騒をはなれ、ゆったりと過ごしたい人に人気の東京近郊のリゾート地。
星の王子さまミュージアムや箱根彫刻の森美術館を訪れ、自然の中で温泉に浸かり、緑の中をのんびりお散歩する人も多いです。
富士山はもちろん、芦ノ湖の観光船や大涌谷の硫黄の白煙を間近に感じられるロープウェイなど景観もバッチリ。

富士山

富士登山はもちろん、麓でも自然や買い物などを楽しめます。
富士五湖の湖畔にあるギャラリーや湖越しに富士山を望むスポットを巡るのが定番。
勝沼のワイナリーや絶叫マシンに力を入れる遊園地、富士急ハイランドも人気が高い。

小笠原諸島

自然の楽園（2011年6月にユネスコ世界自然遺産登録）というべき東京の離島。
ドルフィンスイムやホエールウォッチング、トレッキングなど大自然を満喫したい人にはおすすめ。（ただし6日に1回しか交通手段がありません）
自然はもちろん、名物の島寿司や南国のフルーツなど、唯一無二の楽しさがあります。

Kamakura

Kamakura is an ancient city built by Samurai. It is famous for its beautiful nature located right within the village forest, as well as for its hydrangea that bloom in June.

A popular way to visit Kamakura is to head to Tsurugaoka Hachimangu while trying local foods along the way on Wakamiyaoji and Komachi Streets. It is also worth visiting Kotoku-in (where the famous Kamakura Great Buddha is located), Hasedera Temple, and Enkakuji Temple in order to appreciate the ambience of this ancient city.

You can take in the beautiful scenery of Kamakura while riding on the Enoshima Electric Railway, familiarly known as the "Enoden," on your way to Enoshima Island and Enoshima Aquarium.

Hakone

Hakone is a resort area fairly close to Tokyo. It is popular for those who yearn for an urban escape and would like to spend a relaxing time.

Many people visit the Musée du Petit Prince de Saint-Exupéry à Hakone and the Hakone Open-Air Museum, soak in hot-spring baths surrounded by nature, and take long walks through the lush greenery.

On top of that, there is a ropeway enabling you to come into close contact with gorgeous scenery such as Mt. Fuji, of course, and excursion boats on Asinoko and white billowing sulfur clouds of Owakudani.

Mt. Fuji

You can of course enjoy not only climbing Mt. Fuji but also appreciating its surrounding nature and going shopping too at the foot of the mountain.

The most popular sightseeing activities are visiting galleries located along the lakesides of the Fuji Five Lakes and also stopping at scenic spots along the lakesides to view Mt. Fuji from across the lakes.

Other spots that are also popular are wineries in Katsunuma and the Fuji-Q Highland amusement park which is famous for its thrilling rides.

Ogasawara [Bonin] Islands

These isolated islands, which are considered to be nature's paradise, actually are an isolated district of Tokyo (registered as UNESCO's world heritage in June 2011).

The islands make an excellent destination for visitors who want to appreciate the greatness of nature by swimming with dolphins, going on whale-watching expeditions, and trekking. (Visitors should note that there is no means of transportation except once in 6 days.)

Visitors can have once-in-a-lifetime experiences such as enjoying the unique nature but also the islands' famous sushi and tropical fruits.

東京デパート案内

東京観光で欠かせないスポットがデパートめぐり。食料品からファッションまで、最先端の商品を楽しめます。ここでは代表的な3店舗を紹介。

銀座三越

エリア最大規模を誇る銀座三越は、老舗百貨店にふさわしく落ち着いた雰囲気。老舗百貨店ながら新しい商品も積極的に取り入れ、買い物中に休憩できるカフェやレストランの豊富さもうれしい。人気の「デパ地下」では三越限定商品や季節のイベントが展開され、お土産探しに最適。

さらに銀座線・日比谷線・丸の内線の3路線が乗り入れる東京メトロ銀座駅に直結しており、銀座エリアで利用可能な無料公衆無線LAN「G-Free」も利用可能なので、外国人観光客には非常に使いやすいデパートといえます。

新宿伊勢丹

新宿三丁目駅直結でアクセスのよい新宿伊勢丹は、昔からの顧客に加えて10〜20代といった若年層からも支持されています。

男性用の「メンズ館」が、本館とは独立して隣接しているのが特徴。ファッションやコスメブランドの最新アイテムの品揃えは、日本のデパートの中でも圧倒的。特に化粧品には力を入れており、実際「コスメの聖地」として知られています。

ファッションだけでなく食品まで最旬のアイテムが揃う。2013年のリニューアル以降、よりファッション分野が充実した印象があります。

また、新宿三丁目駅から地下街を通ってJR新宿駅や東京都庁方面まで移動できるので、天候を気にせずに伊勢丹から他の百貨店や地下のモール街など、いろいろなお店をまわってショッピングを楽しむことができます。

日本橋高島屋

国の重要文化財にも指定されている日本橋高島屋の竣工は、1920年代の昭和初期。西欧の建築に和のテイストが見事に調和しており、案内係が手動で操作するエレベーターや、地下から続く吹き抜けの大階段などが象徴的な百貨店。

Tokyo Department store

Visiting department stores in Tokyo is one of the plans on your "must do" list! You can enjoy the latest products ranging from fashion to foods. The following are three representative department stores.

Ginza Mitsukoshi

Ginza Mitsukoshi is the largest department store in Ginza. It has a relaxed ambience with a long history. They proactively keep introducing new items, even though it is a time-honored enterprise. You can also take a break during shopping. You'll be pleased with the abundant cafés and restaurants. If you go to the basement floor so called "depachika," which is quite popular with Japanese people, you can take a look at items limited to Ginza Mitsukoshi or join seasonable events. Also, this is a great place for finding souvenirs.

In addition, it is very convenient for foreigners, since the department store is directly connected to the Tokyo Metro Ginza Station, where you can use three train lines: the Ginza Line, Hibiya Line and Marunouchi Line. On top of that, there is a free wireless network called "G-Free" which you can utilize within the Ginza area.

Isetan Shinjuku

Isetan Shinjuku is easily accessible since it is directly connected to Shinjuku-sancho me Station. Isetan is loved by longtime, loyal customers and by the younger generation too, from teenagers to people in their 20's.

It's interesting to know that there is a separate "Isetan Men's" store, which is next to the main store. Out of all the department stores in Japan, the number of the latest items by fashion and cosmetics brands sold at Isetan is remarkable. The store especially focuses on cosmetics. As a matter of fact, Isetan is known as the "holy place" for cosmetics.

You can see not only the latest fashion items but also foods too. After the renewal in 2013, you get a feel that Isetan has expanded its fashion area.

In addition, you can enjoy shopping around other department stores and malls in Shinjuku by taking the underground passage connected to Isetan. You don't have to worry about the weather. The underground passage goes from Shinjuku-sancho me Station, to JR Shinjuku Station, through to the Tokyo Metropolitan Government Building.

Takashimaya Nihombashi

Takashimaya Nihombashi, which has been designated as a national cultural asset, was completed in the 1920s. Their European-styled building finely harmonizes with Japanese taste. On top of that, they have symbolic icons such as elevators still run by

品揃えでは、どのテナントにも、高級感あふれるクラシカルな造りに違わぬ高品質なアイテムが並んでおり、家族で訪れたいデパートです。
時代を超えて愛される日本橋高島屋は日本橋駅直結、JR東京駅からも徒歩5分とアクセス面でも非常に便利。

おすすめの飲食店

＊寿司

すしせい（築地寿司清　築地本店）

築地場外にある、安くてうまいと評判の老舗寿司店。にぎりは「和（なごみ）」の1,542円から。おまかせ3,600円もあります。築地の観光客向けの寿司屋としてもハズレなしといわれています。37席（1F・2F）

すしざんまい（すしざんまい　築地本店）

24時間営業・年中無休の店。「本まぐろ五貫セット」（赤身、中とろ、大とろ、炙り、ねぎとろ）が人気。朝からビール片手に新鮮なネタをいただくぜいたく気分が味わえ、値段もリーズナブル。143席（1F~3F）

補足：築地市場

場内市場であればお寿司は「大和（だいわ）寿司」と「寿司大」が大人気です。朝から並んでも数時間待ちは当然なぐらいです。「とんかつ八千代」の「チャーシューエッグ定食」は火・木・土の限定商品ですが、あまり知られていない隠れた逸品です。
場外にある玉子焼き専門店「丸武」は某ショービジネスのプロデューサーの実家が営業するお店として有名になりました。

elevator operators, and a grand, open stairwell that starts from the basement.
Each tenant displays high quality products that go with the luxurious look and the classical feel. You can definitely enjoy yourself if you go there with your family.
Nihombashi Takashimaya, which has been loved in a timeless way, is directly connected to Nihombashi Station. Moreover, it is only a 5-minute walk from JR Tokyo Station, and therefore it is very convenient in terms of access.

Recommend Restaurants
＊ Sushi

Sushisei (Tsukiji Sushisei Tsukiji Flagship Store)

This is a traditional sushi restaurant located outside the Tsukiji Market.
This long-established restaurant has a good reputation for its delicious sushi at reasonable prices. The lowest price sushi set, called "Nagomi", starts at 1,542 yen. There is also a sushi course named "Chef's choice" for 3,600 yen. This restaurant has a reputation of never disappointing, since it does not particularly cater to Tsukiji tourists by offering mediocre sushi. The restaurant has a total of 37 seats between its first and second floors.

Sushizanmai (Sushizanmai Tsukiji Flagship Store)

This restaurant is open 24 hours a day, 365 days a year. One of the popular items on the menu is the "Five Tuna Set" that includes lean tuna (akami), fatty tuna (chutoro), rich fatty tuna (otoro), grilled tuna (aburi maguro) and fatty tuna with finely chopped raw welsh onion (negitoro). You can lavish yourself in luxury starting from the early morning by enjoying a glass of beer held in one hand and feasting on the freshest of fish with the other. What is more, the prices are reasonable. There are 143 seats from the first to third floors.

Supplement : Tsukiji market

Inside the Tsukiji market, "Daiwa Sushi" and "Sushidai" are extremely popular. When you go there, it's inevitable to wait even from the morning for several hours. If you go to "Tonkatsu Yachiyo," you can order "chashu pork and egg don," its specialty, but only on the days it is served: Tuesdays, Thursdays, and Saturdays. This is actually a hidden gem, surprisingly not all that well known.
Outside the market, there is a rolled egg specialty shop called "Marutake." The shop has become famous because a famous show-business producer is a member of the family who runs the shop.

*鉄板焼き

銀座　花郷（はなさと）（デビアス銀座ビル 10~11F）
銀座を一望できる天空のレストラン。ステンドグラスに彩られた吹き抜けのダイニングはゴージャス。京料理の専門店だが、厳選した米沢牛を使った鉄板焼きが最も人気があります。

銀座　うかい亭（東銀座）
歌舞伎座のすぐ近くにあるフレンチ風鉄板焼きの店。接客・素材・調理にこだわった極上空間が味わえると評判が高い。特別メニューは高額だが、期待を裏切られないクォリティを誇ります。

*和食

えん（汐留）
新橋駅にほど近く、42階にある店は特に夜の眺望を楽しめる（もちろんランチも OK）。高級感漂う広い室内は落ち着いた雰囲気。

権八　西麻布（六本木）
創作和食の店。総席数 356。小泉元首相がブッシュ元大統領を招き、タランティーノ監督が「キル・ビル」のセットの参考にしたことでも有名。6 割を外国人が占める。手打ちそば、備長炭で焼く串焼きが人気。

＊ Teppanyaki

Ginza Hanasato (De Beers Ginza Building 10-11th floors)

This restaurant offers you a panoramic view of Ginza. Dining in the open-area restaurant, where the colors of the stained glass windows reflect onto the surroundings, is fabulous. While this restaurant basically specializes in Kyo-ryori (local cuisine of Kyoto), the teppanyaki of selected Yonezawa beef is the most popular item on the menu.

Ginza Ukai-Tei (Higashi Ginza)

This is a French style teppanyaki restaurant near the Kabukiza Theatre. Ukai-tei is highly evaluated because they provide a superior atmosphere especially, where you can enjoy fine service, exquisite ingredients, and flavorful cooking. Even though the special menu is rather expensive, the quality of the cuisine will surely far exceed your expectations.

＊ Japanese Cuisine

EN (Shiodome)

This restaurant is located on the 42nd floor of a building near Shinbashi Station. Therefore, you can enjoy the night view especially, but you are always welcome to go for lunch too. The grand dining room offers a touch of class in a relaxed ambiance.

Gonpachi Nishi-Azabu (Roppongi)

This restaurant serves creative Japanese cuisine. It seats 356 guests. Gonpachi became famous when former prime minister Koizumi invited former U. S. President Bush to dinner. In addition, Quentin Tarantino, a movie director, used the restaurant as reference of a set for the movie "Kill Bill." Foreigners account for 60% of the customers. Handmade soba noodles and skewered foods spit-roasted over bincho charcoal are popular.

東京周辺スポット　おすすめコース１

ホテル →(タクシー)→ **築地市場** → **浜離宮恩賜庭園** →(浜離宮から水上バスにて移動)→ **浅草／かっぱ橋** → **昼食**

築地市場
- 早起きをして、マグロのセリ見学。終了後は場内、もしくは場外でお寿司を朝食で食べます。食べ終わってから、場外市場を散策するのも楽しいかもしれません。

浜離宮恩賜庭園
- 開園は9時です。無理に早起きをしなくても、築地に寄り道をしてから綺麗な公園を散策しても時間には十分余裕があるでしょう。

浅草／かっぱ橋
- 春の桜のシーズンは、下船場所に隣接する墨田公園を散策します。都内でも有数の桜がたいへん綺麗に見られる場所として有名です。吾妻橋で記念撮影。雷門を抜け仲見世通りを満喫し、浅草寺での参拝は鉄板ルートです。できたての人形焼や揚げたての揚げ饅頭、手焼きせんべいは食べ歩きでも外せませんが、伝法院通りにあるカレーパン屋とメンチカツ屋は穴場です。花月堂は巨大焼きたてメロンパンで有名ですが、毎日行列ができる超人気店です。
- 雷門には風神、雷神がいますが、本来は神社にいるものです。ですが、その先にあるのは浅草寺というお寺です。こういった浅草の、一見無秩序なところも浅草の良さです。
- かっぱ橋はプロの料理人も通う、調理具がそろうお寺です。最近は外国人にも大変人気で、食品サンプルやお寿司をかたどったUSBメモリーなどもお土産としておすすめです。

昼食
- 「浅草むぎとろ」「すき焼き 今半」「天丼 大黒屋」「洋食 ヨシカミ」「回転寿司 元祖寿司」など、お腹に余裕があるならば全て訪れたいお店です。回転寿司は外国人にとってカルチャーショックを受ける場所のようです。

東京周辺スポット　おすすめコース２

ホテル →(JR山手線)→ **渋谷／原宿** →(JR山手線)→ **新宿** → **昼食** → **ロボットレストラン** (都営 大江戸線)

渋谷／原宿
- 何よりも人気があるのは、渋谷駅前のスクランブル交差点です。一度に約3000人が交錯するこの交差点は、外国人にとってはまさに百聞は一見にしかず、のようです。ハリウッド映画で有名になったハチ公も人気があります。
- 渋谷から原宿へは徒歩でも移動が出来ますし、路面店も数多くあるので、楽しみながら向かうのもおすすめします。海外の有名人も訪れるほど、海外でも人気が強くあるようです。
- さらに足を延ばして明治神宮へ。現代の欧米文化を取り入れた明治天皇がまつられています。外国人に理解をいただくには少し難しいかもしれませんが、日本滞在中に、お寺と神社の両方を見学、体験してもらえるとよいでしょう。

新宿
- 都庁の展望台から都内を見下ろしたり、ショッピングを心ゆくまで楽しんだりと、一日を満足に過ごすことができる街です。最近では新宿東宝ビルにゴジラが現れたことが話題を呼んでいます。

昼食
- 「創作和食 響（ひびき）」「焼き肉 六歌仙」「鉄板焼き みその」「かに道楽 新宿本店」などはいかがでしょうか。

ロボットレストラン
- いま日本全体で、一番海外から注目を集めているホットスポット。新宿・歌舞伎町にある、約100億円をかけてつくられたこの観光名所は、ロボットと人間のパフォーマンスが大音量で繰り広げられ、一言では言い表せない迫力があります。

メトロ銀座線 → 上野 →(徒歩)→ アメ横商店街 →(JR山手線)→ 秋葉原 →(JR山手線)→ 有楽町 →(徒歩)→ 銀座 → 夕食 → ホテル

上野
- まずは上野公園へ。桜の時期であれば、墨田公園よりも迫力があります。広大な敷地内には美術館、動物園もあるので、お客様の好みに合わせて旅程に組み入れてみましょう。

アメ横商店街
- 戦後の闇市として繁栄した場所です。特にここ、といったお店があるというよりも、商店街をただ歩いて見て回るだけでも楽しいところです。

秋葉原
- 駅前の超大型家電量販店、ディスカウントショップのドン・キホーテ、アニメ専門店アニメイト、ガンダムカフェやメイド喫茶などが目白押し。稀に外国人から聞かれることがあるのは、ロボットが買えるお店です。そのときは「ヴイストンロボットセンター」や「ツクモロボット王国」を紹介します。

有楽町
- 日本最大のショッピングストリート。高級ブティックやデパートでのお買い物を楽しめます。

夕食
「天ぷら　ハゲ天」「日本食　花郷」
「しゃぶしゃぶ・すき焼き　らん月」
「鮨　久兵衛（きゅうべえ）」など、一度は体験してみたいところです。

六本木 →(都営大江戸線)→ 夕食 →(都営大江戸線)→ 赤羽橋／東京タワー → ホテル

六本木
- 六本木ヒルズ、東京ミッドタウン、テレビ朝日、国立新美術館などが見どころ。主な観光名所が一か所に集結しているため、それぞれへのアクセスが非常にしやすいのです。東京ミッドタウン内には和雑貨のお店が数店舗入っているため、見るだけでも楽しく、お土産として何か小物を買うのにも適しています。

夕食
- 「ユニオンスクエア東京」「権八　西麻布店」「焼肉　十々」「とんかつ　豚組」などがおすすめです。

赤羽橋／東京タワー
- 東京スカイツリーができた後も、いまだに根強い人気があるスポットです。エレベーターで第一展望台まで上がるのが一般的ですが、歩いて階段を利用して上がると記念カードがもらえます。最終入場は22時30分。東京の夜景を一望できます。

205

時代とともに進化するホテルのあり方

　現在の日本は、アベノミクスという金融政策によって豊かさをとりもどしました。円安によってインバウンドの需要が上昇し、東南アジア向けにビザの発給を開放することで、訪日外国人は2014年度は年間1300万人を超え、今や1500万人になろうとしています※。ユネスコへの世界遺産の登録も増え、日本は観光地としての魅力をさらに増やしています。

　海外の旅行客からすると、値段が安く、ホテルのクオリティが高く、食事もおいしく、そのうえ、文化や歴史に触れることができる日本という国は、まさに夢のような国なのです。かつてない多くの外国人観光客が都内を中心に、地方の旅館に至るまで宿泊するようになっています。

　2020年の東京オリンピック・パラリンピック開催が決まった頃から、「おもてなし」ということが盛んに言われています。しかし、具体的に「おもてなし」とは何をさすのか、明確な定義はわかっていません。古来の日本を紐解くと、そのヒントがあるように思います。日本人は、大和民族の時代から「助け合う」文化の中で生きてきました。自然災害があれば皆で助け合い、物がなければ譲り合って生きてきたのです。そうしたなかで周りへの心づかい、慈しみ、見返りを求めない心が「生きる知恵」となり、それが今日のおもてなしの精神につながっているのだと思います。

　私は現在、国際的ブランドホテルを経営していますが、海外のお客様が心地よくお過ごしいただけるよう、世界基準のサービスレベルと、日本のおもてなしを提供できるダブルスタン

※日本政府観光局（JNTO）のデータによる

ダードのホテルを目指しています。たとえば、ホテルにお帰りの外国人のお客様には「おかえりなさい」と、ご自宅に帰って来られたようにお迎えをします。エントランスには洛中洛外図屏風を置き、フロントには日本を代表する名家や武将の家紋を飾って、海外の方にさりげなく日本の歴史や文化をも感じてもらっています。

　今後、訪日外国人が年間 2000 万人を超える場合、どのホテルも海外からのお客様で満室になることでしょう。その時に備えて各ホテルはリノベーションをして客室数を増やしていますが、私はホテルという場所は単なる宿泊所ではなく、お客様同士の「コミュニケーションの場」として生まれ変わったら楽しいだろうなと思っています。そのホテルに行けば、いろいろな国の方との出会いを通して、お国のお話を聞ける、文化やスポーツを語り合う、時にはお酒をかわしあう、そんな楽しい場所としてホテルを変革させる計画を練っています。ホテルに集まる人は、そのホテルが好きという同じ趣味趣向の人です。国内外を問わず、気の合う人とホテルで知り合い、コミュニケーションを深めることが、旅の最高の思い出になる。そんな場所を提供できることが、将来のホテルのあるべき姿なのではないかと思っています。

2015 年 7 月 13 日

ツカダ・グローバルホールディング代表取締役社長
塚田正由記

塚田正由記（つかだ・まさゆき）

ツカダ・グローバルホールディング代表取締役社長
1968年、学習院大学卒業後、日本閣観光株式会社入社。
1995年、株式会社ベストブライダル（現ツカダ・グローバルホールディング）設立
1997年、代表取締役社長就任

画一的な結婚式しか行われていなかったブライダル業界にあって、「日本にも欧米の様なパーティ形式のアットホームなオリジナルウエディングを作りたい」「女性の社会進出に伴う社会構造の変化から、それまでのウエディング様式ではお客様方の満足が充足されなくなってきた」との思いから、欧米風の邸宅を模した施設での結婚式スタイル「ゲストハウスウエディング」を日本のブライダル業界に初めて導入。
その後も、「楽婚」（ご祝儀で賄える結婚式）、「家族挙式」「家族婚」（家族のみで行う結婚式や会食）等を次々と展開、新たな婚礼需要の取り込みに成功する。
2011年にはホテル業界への本格的な進出を果たし、「ホテル インターコンチネンタル 東京ベイ」の再生に成功する。その他、海外事業、レストラン事業、そしてウェルネス＆リラクゼーション事業への進出と事業領域を大きく広げている。

INTERCONTINENTAL
TOKYO BAY

ホテル名称：ホテル インターコンチネンタル 東京ベイ
TEL：03-5404-2222（代表）
FAX：03-5404-2111
住所：〒105-8576 東京都港区海岸 1-16-2
HP アドレス：www.interconti-tokyo.com
アクセス：〈電車〉新交通ゆりかもめ竹芝駅直結、JR・モノレール浜松町駅徒歩 8 分、
　　　　　　　　都営大江戸線・浅草線大門駅徒歩 10 分
　　　　〈車〉首都高速都心環状線芝公園・汐留出入口より 5 分
　　　　　　　羽田空港 20 分、成田空港から 70 分
　　　　　　　ホテル前からリムジンバスが毎日往復運行
　　　　〈シャトルバス〉浜松町駅バスターミナルよりホテルまで往復運行
チェックイン・アウト時間：チェックイン 15 時／チェックアウト 12 時
　　　　　　　　　※スイートは、17 時チェックイン

＜ホテル紹介文＞
世界の 60 の国や地域に広がるインターコンチネンタル ホテルズ＆リゾーツに属する東京都内初のインターコンチネンタルホテルとして、1995 年に開業、本年 9 月 1 日に 20 周年を迎えます。
2011 年に宴会場の改装を開始、2013 年にはフロントレセプション、ラウンジ、レストラン、客室を含む全面的なリニューアルを完了しました。ラグジュアリーを極めた施設空間と、永年にわたり培ってきた国際水準のサービスでおもてなしいたします。
寛ぎを追求した客室は、東京ベイを臨む都内指のアーバン・リゾートとして、壮大なフォルムの「レインボーブリッジ」、新名所として存在感を放つ「東京スカイツリー」、夜のライトアップが幻想的な「東京タワー」、隅田川・勝鬨橋・浜離宮を眼下に望む「リバービュー」の 4 つのビューからセレクトできる非日常的な空間をご用意しています。
シェフが目の前で調理する、オールデイダイニング「シェフズ ライブ キッチン」をはじめ、ニューヨークスタイルの新感覚イタリアン、伝統的な南フランス料理を現代風にアレンジしたヘルシーフレンチ、伝統の技術と現代の感覚が融合した日本料理など、世界の味覚を網羅した 9 つのレストラン＆ラウンジをご用意しています。また、レインボーブリッジや東京タワービューの夜景を望むナイトバーも併設し、お客様のご利用目的、シチュエーションにあわせてお選びいただけます。
また、東京ベイを望む 13 の大小様々な宴会場、リラクゼーションサロン、フィットネスジムなどを備え、都心部のビジネスエリアや銀座などのショッピングゾーン、羽田空港へ好アクセスの立地にあります。

取材・製作協力者一覧

【ホテル インターコンチネンタル 東京ベイ】
- ツカダ・グローバルホールディング　代表取締役社長　　　　　塚田正由記
- 取締役　営業本部長　　　　　　　　　　　　　　　　　　　　前原孝行
- 運営本部長　ホテル支配人　　　　　　　　　　　　　　　　　清水尚之
- 営業本部長付　業務推進部長 兼 ゲストサービス部長　　　　　野村昭彦
- 営業本部　広報支配人　　　　　　　　　　　　　　　　　　　白石貴子
- 婚礼営業部　副部長　　　　　　　　　　　　　　　　　　　　金谷貴文
- 料飲サービス部　レストラン支配人　　　　　　　　　　　　　増沢将司
- 料飲サービス部　ラ・プロヴァンス 兼 鉄板焼「匠」 統括マネージャー　神田誠
- 副総料理長（レストラン担当）シェフズ ライブ キッチン料理長　佃勇
- 料飲サービス部　シェフズ ライブ キッチン　マネージャー　　西村隆広
- 鉄板焼「匠」料理長　　　　　　　　　　　　　　　　　　　　田口仁
- 料飲サービス部　鉄板焼「匠」マネージャー　　　　　　　　　谷口幸一
- イタリアンダイニング　ジリオン料理長　　　　　　　　　　　阿部洋平
- 料飲サービス部　ニューヨークラウンジ 兼 ジリオン　統括マネージャー　石川陽一
- マンハッタン料理長　　　　　　　　　　　　　　　　　　　　吉本憲司
- 料飲サービス部　マンハッタン　マネージャー　　　　　　　　中地正信
- 料飲サービス部　宴会サービス　キャプテン　　　　　　　　　関根洋介
- ゲストサービス部　アシスタントフロントオフィスマネージャー代行　鈴木信哉
- ゲストサービス部　ハウスキーピング担当支配人　　　　　　　川上公生
- ゲストサービス部　ベルサービス　スーパーバイザー　　　　　松本一鷹
- ゲストサービス部　チーフコンシェルジュ　　　　　　　　　　田口雄一
- ホスピタリティアカデミー／研修支配人　　　　　　　　　　　浅井真紀子
- アクア・グラツィエ　美容室　ヘアメイク　リーダー　　　　　宇野絢子

- 写真家　　　　　　　　　　　　　　　　　　　　　　　　　　笠井爾示
- ネイティブ・チェック　　　　　　　　　　　　　　　　　　　ロナルド・ポンペオ
- ネイティブ・チェック　　　　　　　　　　　　　　　　　　　ディビッド・セイン
- 昭和西川株式会社　　　　　　　　　　　　　　　　　　　　　成松達哉

【著者プロフィール】

関　優子（せき　ゆうこ）

（株）EXCELLENT CREATION 代表取締役社長

上智大学文学部英文学科卒業
アンダーソン・毛利・友常法律事務所
パラリーガル（トランスレーター）として勤務
2010 年　株式会社 EXCELLENT CREATION 設立。
アパホテルなどの広報誌での執筆や
企業のＨＰの翻訳・通訳など幅広くビジネスを展開。
オーダーメイドの英会話レッスンを主軸に
PDCA サイクルにもとづき、プログラムを一から組み立て、
一人一人に本当にあったサービスを提供している。
接客業を主体とする企業向けの
「おもてなし英語企業研修」にも注力している。
Website
http://www.excellent-creation.com/index.html

保有資格
教員免許中学校・高等学校英語
実用英語技能検定 1 級 、TOEIC990
著書『英語で読むオズの魔法使い』（IBC パブリッシング）

撮影：笠井爾示

進化する5つ星ホテルのおもてなし英語
2015年9月2日 第1刷発行

著　者　関　優子
監　修　ホテル インターコンチネンタル 東京ベイ
発行者　川畑慈範
発行所　東京書籍株式会社
　　　　東京都北区堀船2-17-1　〒114-8524
　　　　03-5390-7531（営業）／03-5390-7455（編集）
　　　　URL=http://www.tokyo-shoseki.co.jp

印刷・製本　図書印刷株式会社

音声製作：アビープロダクション、音工房タック
本文イラスト：本多英美
ブックデザイン：金子裕
DTP：越海辰夫

Copyright © 2015 by Yuko Seki
All rights reserved.
Printed in Japan

ISBN978-4-487-80885-4　C0082

乱丁・落丁の場合はお取替えいたします。
定価はカバーに表示してあります。
本書の内容の無断使用はかたくお断りいたします。